ZUSAMMEN!

Lennart Herberhold

ZUSAMMEN!

Wie Deutschland neues Wohnen ausprobiert

BÜCHNER

ISBN (Print) 978-3-96317-300-4
ISBN (ePDF) 978-3-96317-863-4
ISBN (ePUB) 978-3-96317-864-1

Copyright © 2022 Büchner-Verlag eG, Marburg

Bildnachweis Cover: © Jan Hendrik Ax, https://janhendrikax.de/
Fotografien im Innenteil: © Lennart Herberhold

Layout: DeinSatz Marburg | tn

Druck und Bindung: Beltz Grafische Betriebe GmbH, Bad Langensalza
Beltz Grafische Betriebe ist ein klimaneutrales Unternehmen (ID 15985-2104-1001).
Die verwendeten Druckmaterialien sind ein FSC-Mix.

Printed in Germany

Bibliografische Informationen der Deutschen Nationalbibliothek

Die Deutsche Nationalbibliothek verzeichnet diese Publikation in der Deutschen
Nationalbibliografie, detaillierte bibliografische Angaben sind im Internet
über http://dnb.de abrufbar.

www.buechner-verlag.de

Inhalt

You know there's so many people living in this house
And I don't even know their names

The Eurythmics: »This City Never Sleeps«

Hausbesichtigung

Wenn ich den Briefkasten aufschließe und da ist Post von meiner Vermieterin, dann bekomme ich Herzklopfen. Ist das jetzt die Mieterhöhung, mit der ich seit Monaten rechne? Meine Gegend in Hamburg-Altona war vor 15 Jahren noch ziemlich verschlafen. Sozialer Wohnungsbau, leicht verwitterte Gründerzeithäuser und unverwüstlicher Backstein. Weit und breit keine coole Bar, kein Klamottenladen – ich war ziemlich enttäuscht, als ich mit Anfang dreißig hierher zog. Die coolen beziehungsweise hippen Läden gibt es immer noch nicht, und die Gebäude sind fast alle noch da. *Fast.* Auf dem Gelände eines ehemaligen Bunkers ist gerade ein Neubau hochgezogen worden: »tiny flats«, möblierte Miniwohnungen für Menschen, die ein paar Jahre bleiben wollen, bevor sie weiterziehen in die nächste Stadt, ins nächste befristete Arbeitsverhältnis. Oder für Menschen, die schon ein Haus oder eine Wohnung besitzen und ein bisschen Geld anlegen wollen. 27 Quadratmeter kosten 284.000 Euro. Wer eine Wohnung kauft, kann wählen zwischen den »hochwertigen Ausstattungslinien Vibrant, Skandinavian und Elegant«. Für die Penthouse-Wohnungen gibt es »gesonderte Ausstattungsangebote«. Die Viertel in meiner Nähe, das ehemals wilde Schanzenviertel und das akademisch-alternative Ottensen, werden als »trendiges Szeneviertel« beziehungsweise »kreativ, urban und entspannt« beworben. Vor 15 Jahren hätte es mir wahrscheinlich noch geschmeichelt, ganz in der Nähe eines trendigen Szeneviertels zu wohnen. Heute, mit Ende vierzig und unklaren Zukunftsaussichten, macht mir der Gedanke Angst. Seit ein paar Jahren fällt mir auf, dass ich auf die Marken der Autos achte, die in der Nachbarschaft parken. Und auf die Art, wie die Leute angezogen sind, die in meine Gegend ziehen. Die meisten Tiny Flats sind schon verkauft.

Auch meine Hausgemeinschaft, die hauptsächlich aus ein paar netten Gesprächen im Treppenhaus und einer WhatsApp-Gruppe besteht, verändert sich. Neulich ist die Nachbarin unter mir ausgezogen. Sie hatte nur ein paar Jahre dort gewohnt. Jetzt könne sie sich die Wohnung nicht mehr leisten, sagte sie mir zum Abschied. Sie ziehe zu ihrem Freund, in eine Einzimmerwohnung, weiter draußen. Ihre nun leer stehende Wohnung liegt direkt unter meiner. Selber Grundriss, selbe Fläche. Die Miete ist fast doppelt so hoch.

Wenn ich eine der beiden Dating-Apps auf meinem Smartphone öffne, bekomme ich ebenfalls Herzklopfen. Auch da warte ich auf eine Nachricht. Nicht auf die Ankündigung einer Mieterhöhung, sondern auf einen Anfang, ein erstes »Hey, nettes Profil!«, aus dem sich vielleicht etwas entwickeln könnte. Eine Geschichte. Eine Hoffnung: noch jemanden kennenzulernen, am besten den Mann für den Rest des Lebens. Der, wenn die Mieterhöhung dann da ist, sagen kann: »Ach, dann ziehst du halt zu mir, ich hab' genug Platz, und zu zweit wohnen ist sowieso schöner!« Als meine letzte Beziehung nach sechs Jahren auseinanderging, zog meine Mutter, die sich mit meinem Vater seit fast 50 Jahren Dach, Tisch und Bett teilt, ein trockenes Fazit: »Ihr hättet halt zusammenziehen müssen.« Diesen Schritt hatten mein Freund und ich nie gewagt. Zu bürgerlich, fanden wir, zu festgelegt. Wir bräuchten eine sehr große Wohnung, sagten wir uns, um unsere beiden Egos darin unterzubringen. Jetzt sehe ich das ein bisschen anders. Ich will als alter Mann nicht allein leben. Ich will nicht darauf angewiesen sein, dass die nette junge Nachbarin mir meine Einkäufe in den zweiten Stock raufträgt. Und mich einmal im Monat zum Kaffee einlädt, damit der arme Nachbar nicht vereinsamt.

Ich bin Durchschnitt. Ich habe ein paar Jahre lang in WGs gelebt und mich dann der Mehrheit angeschlossen: 2022 wohnten laut Statistischem Bundesamt rund 37 Millionen Deutsche zur Miete, gefolgt von 28,7 Millionen im eigenen Haus und 4,75 Millionen in der Eigentumswohnung. Auch was die Wohnfläche angeht, liege ich mit meiner Zweizimmerwohnung ziemlich genau in der Mitte: Im Jahr 2020 betrug die durchschnittliche Pro-Kopf-Wohnfläche in Deutschland 47,4 Quadratmeter.[1] Mein Einkommen als freier Journalist liegt ungefähr bei dem, was Männer in Deutschland pro Monat verdienen. Aber dieses Einkommen schwankt stark, je nach Auftragslage. Ich habe schon ein paar schlaflose Nächte verbracht mit der Frage, ob ich mir in 10, in 15, in 20 Jahren noch eine Mietwohnung im teuren Hamburg werde leisten können. Dabei weiß ich, dass die Wohnsorgen bei anderen noch viel größer sind. Ende August 2022 meldete das Statistische Bundesamt, dass jeder achte in einer Mietwohnung lebende Mensch in Deutschland mit den Wohnkosten überlastet ist. Das heißt, dass mehr als 40 Prozent des Einkommens für die Miete und die steigenden Energiekosten draufgehen. Einpersonenhaushalte sind besonders betroffen.[2] Ungefähr ein Jahr zuvor, im Sommer 2021, veröffentlichte die Berliner Humboldt-Universität eine Studie im Auftrag der Hans-Böckler-Stiftung: 1,1 Millionen Haushalten in Deutschland bleibt nach Abzug der Miete weniger als das Existenzminimum übrig. Das Fazit der Studie: »Wohnen kann arm machen«.[3] Und einsam. Im April 2021 legte das Deutsche Zentrum für Altersfragen eine Untersuchung zu den emotionalen Auswirkungen der Coronapandemie vor. Die Zahl der Menschen, die sich einsam fühlen, lag 2020 mit 14 Prozent deutlich höher als in den Jahren davor. Das Leben in der Singlewohnung ist offenbar ein besonderer Risikofaktor: Menschen, die in Mehrpersonenhaushalten leben, sind seltener einsam als Alleinlebende, heißt es in der Studie.[4] Auch was dieses Thema angeht, bin ich nicht allein: 57,5 Prozent der Männer und 42,5 Prozent der Frauen bis 49 leben ohne Partner. »Wir sind sozial entwurzelt«, sagt mir die Architektin Susanne Dürr, Co-Autorin einer Studie übers gemeinschaftliche Wohnen.[5] »Also müssen wir versuchen, uns irgendwie anders aufzustellen.«

Vor ein paar Jahren, noch bevor ich meinen letzten Freund kennenlernte, habe ich einen zaghaften Versuch gemacht, mich wohnmäßig anders aufzustellen. Ein paar Wochen lang lag ich meinen Freundinnen mit der Idee »gemeinsames Wohnen« in den Ohren. Zusammen ein Haus bauen, oder eines kaufen – das wär's doch! Ich sah schon alles vor mir: sommerliche Gartenfeste und gemeinsames Kochen in der gemütlichen, riesigen Küche. Miteinander alt werden. Füreinander da sein. Eines Tages fiel mir in der Nachbarschaft ein kleines Haus auf. Drei zierliche Stockwerke, Wintergarten, Altbau. Es hatte etwas Verwunschenes, aus der Zeit Gefallenes, wie viele alte Gebäude in Hamburg, die es geschafft haben, der hanseatischen Lust am schnellen Abreißen und schnellen Neubauen zu widerstehen. »Zu verkaufen« stand auf dem Schild im Vorgarten. Und eine Telefonnummer. Ich rief spontan an. Das Gespräch dauerte weniger als eine Minute. »Anderthalb Millionen«, sagte mir die leicht gelangweilte Stimme am Telefon, und dass ich schnell zuschlagen müsse, ein anderer Interessent habe das Geld schon parat. Ich tat so, als würde ich mich bald wieder melden, legte auf und wusste: Das gemeinsame Wohnen im selbst gekauften Haus wird ein Traum bleiben, anderthalb Millionen Euro weit weg.

Und wie wäre es mit einer Baugemeinschaft? Die Idee erschien meinen Freunden und mir nach ein paar halbherzigen Gesprächen zu kompliziert. Unsere Freundschaft, sagten wir uns, könnte mürbe werden, während wir endlos über Förderanträge, Finanzierungsfragen und Baupläne diskutierten. Vielleicht würde sie sogar zerbrechen, wenn wir dann endlich Tür an Tür wohnen und uns plötzlich jeden Tag sehen *müssten* und nicht mehr jeden Tag spontan sehen *könnten*. Letzteres, das habe ich in den vergangenen Jahren gemerkt, wird aber immer schwieriger. Unsere Terminkalender sind voll. Manche Lebensmenschen, die ich früher einmal pro Woche traf, sehe ich heute im Schnitt alle zwei Monate. Gleichzeitig wächst mein Bedürfnis nach Nähe, nach Verlässlichkeit. In einem Wohnprojekt könnte ich darauf hoffen, dass die Gemeinschaft, die ich mir heute von Tag zu Tag neu organisieren muss, einfach da ist. Dass diese Art von Zusammenleben aber alles andere als automatisch funktioniert, das habe ich in den vielen, erstaunlich offenen Gesprächen mit den Menschen in diesem Buch erfahren. Nur: Sie haben sich getraut, was meine Freundinnen und ich vor ein paar Jahren schnell wieder aufgegeben haben. Die Sorge, dass uns das gemeinsame Bauen und Wohnen über den Kopf wachsen könnte, führte dazu, dass wir schließlich alle in unseren Mietwohnungen blieben. Zumindest die, die jetzt noch mieten. Ein paar meiner Freunde haben sich inzwischen Wohnungen gekauft. Die anderen, mich eingeschlossen, setzen darauf, dass alles gut geht. Dass die Miete irgendwie bezahlbar bleibt. Ein Wunsch aber verbindet uns alle, egal, ob wir mieten oder besitzen. Wir hoffen, dass das mit der Einsamkeit im Alter – ja, was? Naja…, *dass es irgendwie nicht passiert.*

Für dieses Buch habe ich Menschen in ganz Deutschland besucht, die es anders machen. Menschen, die es nicht bei einer vagen Idee und ein paar Milchkaffee-Diskussionen belassen. Menschen, die ihre Vorbehalte und ihre Trägheit überwunden haben und drangeblieben sind. Und weiter dranbleiben, denn gemeinsam ein Haus zu bauen ist erst der Anfang eines lebenslangen Abenteuers. Ich habe Menschen kennengelernt, die sich aus der Logik »Mietest du noch oder besitzt du schon?« verabschiedet haben. Oder zumindest versuchen, sich so weit wie möglich von dieser Logik zu entfernen – so weit, wie es eben geht in einem Land, in dem man ja nicht einfach drauflosbauen und draufloswohnen kann, wo und wie man möchte. Sie haben Gemeinschaften gebildet. Das klingt erstmal banal: Man tut sich halt zusammen, um etwas auf die Beine zu stellen. Aus Singles, Paaren und Familien wird eine Gruppe – wo ist das Problem? Tatsächlich ist es eine hochkomplizierte Aufgabe. In Gemeinschaft zu leben, sagte mir die Bewohnerin eines Projekts, das sei wie eine Beziehung einzugehen – nur ohne Verliebtsein. Aber was ersetzt dann dieses Verliebtsein? Eine schnelle, schlichte Antwort: Die große Idee. *Solidarität. Gerechtigkeit. Zusammen einen Ort für alle schaffen.* Aber was heißt es, diese Idee mit Leben zu füllen? Und sie in den Jahren und Jahrzehnten des Zusammenwohnens nicht zu vergessen? Das ist eine der zentralen Fragen, die sich durch dieses Buch ziehen. Der Versuch, die Grenzen des eigenen egoistischen Selbst im gemeinschaftlichen Wohnen zu überwinden, stellt alles infrage, was konventionell wohnende Menschen wie ich als Selbstverständlichkeit betrachten: »My home is my castle« – der Satz ist zwar nicht verschwunden aus den

Köpfen derer, die in Gemeinschaft leben. Aber er ist kein Naturgesetz mehr. Und die Unterscheidung von »Deins« und »Meins«, mit der wir alle aufgewachsen sind, ebenso wenig. Viele, nein: *alle* Projekte, die ich für dieses Buch besucht habe, stoßen dabei immer wieder an ihre Grenzen. »Gemeinschaft schleift Ecken und Kanten ab«, sagte mir einer der Gründer einer radikal christlichen Wohngemeinschaft. »Gemeinschaft ist wie ein Fluss, der aus spitzen Steinen Kieselsteine macht. Das kann man mögen oder nicht. Aber ich finde: Es ist eine Realität.«

Diese Realität sieht für jede Gemeinschaft ein bisschen anders aus. Vielleicht kann man sogar sagen: Jedes Projekt schafft sich seine eigene Wirklichkeit – eine Wirklichkeit allerdings, die sich nicht trennen lässt von der Welt da draußen. »Für das gemeinschaftliche Wohnen«, schreibt der Städtebauhistoriker Angelus Eisinger, »gilt in akzentuierter Form, was für das Wohnen schlechthin gilt: Es bildet, um mit dem französischen Soziologen Marcel Mauss zu sprechen, ein *fait social total*, in dem sich die Komplexität und der Facettenreichtum der Welt im Kleinen bündeln.«[6] Ein »soziales Totalphänomen« – daran musste ich bei meinen Besuchen der verschiedenen Gemeinschaften immer wieder denken. Die Projekte in diesem Buch sind Gegenentwürfe zu den scheinbar alternativlosen Wohn- und Lebensformen im Rest der Republik. Gleichzeitig müssen sie sich mit allen Problemen auseinandersetzen, die auch das übrige Land umtreiben. Und noch mehr: Weil sie den Anspruch haben, eine gewisse deutsche Gartenzwergmentalität zu überwinden, betreffen viele der politischen, gesellschaftlichen und wirtschaftlichen Krisen der letzten Jahre und Monate die Gemeinschaften besonders stark. Steigende Bau- und Energiekosten, Bodenspekulation, Kriege, die Sorgen und Bedürfnisse von Geflüchteten, neue Familienstrukturen und Beziehungsmodelle, Identitätsfragen und die Dauer von Arbeitsverträgen – all diese Faktoren beeinflussen die Art, wie Menschen in Deutschland gemeinschaftlich wohnen. *Was ist Solidarität, und wie weit muss sie reichen? Wie viel Platz brauche ich wirklich? Was will ich mit anderen teilen?* Die Fragen, die sich die Menschen in diesem Buch stellen, reichen weit über die Projekte selbst hinaus. Einfache Antworten gibt es nicht, nicht in den Gemeinschaften und nicht in diesem Buch. Dafür sind die Menschen zu widersprüchlich, und dafür ist das Wohnen eine viel zu komplexe Angelegenheit. Gemeinschaften, die zusammen bauen und wohnen wollen, machen sich auf eine Suche, die vielen anderen, die zur Miete oder im Eigenheim leben, zu anstrengend ist. Manche Gruppen stecken in Sackgassen fest und entdecken schließlich doch neue Horizonte. Andere lösen sich auf. Die Tagesschau berichtet nicht, wenn ein Wohnprojekt scheitert – anders als wenn der Konzern Vonovia in rund 200.000 Mietwohnungen demnächst nachts die Heiztemperatur absenken will. Gemeinschaftliches Wohnen ist immer noch ein Nischenphänomen. Die Hamburger Stadtsoziologin Ingrid Breckner, die sich mit vielen Wohnprojekten beschäftigt hat, findet: »Das Thema wird gehypt«. Aber selbst wenn es so ist, dann stellt sich immer noch die Frage, warum? Der 30-jährige Berliner Aktivist André Sacharow gibt eine Antwort, die mir während des Interviews im Frühjahr noch ein bisschen zu idyllisch-apokalyptisch vorkam, aber jetzt, im Herbst 2022, ziemlich pragmatisch erscheint: »Wir müssen in größeren Haushalten gemeinsam leben und wirtschaften. Das wird, glaub' ich, wichtig für uns alle werden mit den Krisen, die immer schneller und härter kommen. Und es ist besser, früher damit anzufangen als dann, wenn man es muss. Und keine Wahl mehr hat.«

Fünf Projekte habe ich insgesamt besucht, manche auch mehrmals. Viele Beobachtungen in diesem Buch sind Momentaufnahmen und zudem subjektiv gefärbt. Das *Dorf Hitzacker* in Niedersachsen (Kapitel 1 »Bis zum Schluss« und 9 »Du hast es versprochen!«) wurde von den Menschen gebaut, die dort später leben wollten. Wie schafft man das – organisatorisch, emotional, physisch? Und wie funktioniert die Solidarität, die ja nicht zuletzt eine finanzielle Frage ist, wenn eine Gemeinschaft ihre ersten idealistischen Anfänge hinter sich gelassen hat? Beim Mannheimer Projekt *Viertel 8* war der Weg genau umgekehrt: keine frisch gegründete Gruppe mit großen Ideen, sondern eine klassische Hausgemeinschaft, die sich eines Tages entschloss, das Haus zu kaufen, um nicht hinausgentrifiziert zu werden. Wie geht das? Und wie verändert sich eine Gemeinschaft, wenn sie plötzlich besitzt statt mietet? Darum geht es in Kapitel 3 (»Wie man ein Haus kauft«). Weil die Eigentumsfrage für alle Gemeinschaften in diesem Buch ein besonders heikles Thema ist, und weil sie darüber hinaus eine zentrale Rolle in der aktuellen Wohnungskrise spielt, geht es in Kapitel 4 (»Gartenzwerg forever?«) darum, wie Projekte die Sache mit dem Besitzen (beziehungsweise Nichtbesitzen) regeln können. Im Zentrum steht dabei das Modell *Mietshäusersyndikat*, das besonders weit geht: Ein Syndikatshaus kann nicht verkauft werden, es gehört allen und zugleich niemandem. Aber nicht nur das Eigentum, auch der Raum, den jeder Mensch für sich in Anspruch nimmt, wird in Gemeinschaften neu definiert. In den Kapiteln 6 (»Wir machen es trotzdem!«) und 7 (»Wohnen im Wunder«) besuchen wir die Macherinnen und Bewohnerinnen des Münchner Projekts *San Riemo*, das als wegweisendes Experiment mit flexiblen Grundrissen und gemeinschaftlichen Flächen gilt. Bei der Hamburger Gemeinschaft *Brot und Rosen* (Kapitel 8 »Durchhalten«), in dem deutsche Christen und Geflüchtete zusammenleben, geht es um die Frage, die vielleicht die wichtigste von allen ist: Wie übersteht man all die Konflikte, die in einer Gemeinschaft entstehen? Brot und Rosen hat gerade sein 25-jähriges Jubiläum gefeiert.

Zwischen diesen Reportagen gibt es ein bisschen Theorie: Welche Träume und Zwänge haben das gemeinschaftliche Wohnen in den letzten Jahrzehnten bestimmt? Wie ist das Modell der familiengerechten Wohnung entstanden, das heute unsere Städte dominiert und an dem sich alle abarbeiten, die anders wohnen wollen? Und welche Rolle sollen Projekte heute in der Stadtentwicklung spielen? Darum geht es in Kapitel 2 (»Große Erwartungen«). Im Kapitel »Goldene Böden« schauen wir uns eine Entwicklung an, die nicht nur gemeinwohlorientierte Projekte bedroht: Die Preise für Bauland steigen rasant. Grund und Boden ist zum Spekulationsobjekt geworden. Und zum Schluss stellt sich die große Frage, ob gemeinschaftliches Wohnen die Lösung ist für die aktuelle Wohnungskrise (Kapitel 10 »Für alle?«).

Weil beim Wohnen alles mit allem zu tun hat, können Sie dieses Buch auf zwei Arten lesen: Sie können vom Anfang bis zum Schluss gehen, wie man in einem Haus aus dem Erdgeschoss ins Dachgeschoss steigt. Sie dürfen aber auch von Kapitel zu Kapitel springen, je nachdem, welches Thema Sie besonders interessiert. Das San Riemo in München, das jüngste Projekt in diesem Buch, arbeitet mit flexiblen Grundrissen und stellt die gängige Vorstellung davon, was eigentlich eine Wohnung ist, infrage. Ähnlich können Sie es mit diesem Buch machen und frei darin herumspazieren – ich hoffe, dass die vielen Endnoten mit Verweisen auf andere Kapitel dabei helfen.

Vielleicht reicht es Ihnen ja aber auch jetzt schon. »Na toll«, denken Sie womöglich, »wenn gemeinschaftliches Wohnen nur Verzicht und endlose Diskussionen bedeutet, dann brauche ich mich mit dem Thema ja nicht weiter zu beschäftigen.« Aber dieses Buch ist nicht allein für Menschen geschrieben, die demnächst in ein Projekt einziehen wollen. Es geht um Fragen, die uns alle angehen. Die Klimakatastrophe, zu der die Bauindustrie fleißig beiträgt, und die Sorgen vor kalten Wohnungen im Winter sind nur zwei gute Gründe, sich ein paar Gedanken darüber zu machen, ob Wohnen nicht auch anders gehen könnte. Und die Anstrengungen und Konflikte sind nur ein Teil dessen, was die Menschen in diesem Buch erleben. Neben all den Mühen ist gemeinschaftliches Wohnen eine große Bereicherung. Klar, das jahrelange Planen und Streiten und Arbeiten sieht man ihnen an, sagt die Rentnerin Rita Lassen, die gemeinsam mit ihrer Frau und vielen anderen Begeisterten das Dorf Hitzacker gebaut hat. »Aber vom Kopf her bleibst du jünger! Ich glaube, daß man geistig länger wach bleibt, wenn man in mehreren Generationen lebt und ständig Herausforderungen ausgesetzt ist.« Um die zu meistern, braucht es einen langen Atem – ein Atem, der Menschen fehlt, die sich in schlecht bezahlten Jobs abrackern oder von einem befristeten Auftrag zum nächsten hecheln. Und doch haben die Gemeinschaften in diesem Buch den Anspruch, alle mitzunehmen – die gut Verdienenden und die prekär Lebenden. Die Geflüchteten mit unsicherem Aufenthaltsstatus und die Deutschen mit deutschem Pass. Die zögerlichen Alten und die dynamischen Jungen. Und die dynamischen Alten und die zögerlichen Jungen. Wie sie das machen? Kleiner Spoiler: *Sie arbeiten daran.*

1

Bis zum Schluss

Rita hat es allen gesagt, von Anfang an. Als noch gar nichts stand. Als hier noch nichts war als ein leerer Acker. Allen, die mit ihr ins Dorf ziehen wollten, allen, die mitdiskutiert, mitgeplant und mitgebaut haben, allen, die irgendwann aufgegeben haben, und allen, die auch heute noch dabei sind, hat Rita es gesagt: »Ich will eines Tages hier im Dorf sterben.« Sabrina sagt: »Und ich habe dich dann immer gefragt, ob du nicht erstmal ein bißchen im Dorf *leben* willst.« Rita lacht laut, ein helles, kräftiges, durchdringendes Lachen, ihr Gesicht durchzogen von winzigen Fältchen. Ja, natürlich will sie das. Aber eines Tages soll man sie in einer »Kiste«, nein – Rita korrigiert sich: – in einem »Sarg« aus dem zweistöckigen Haus tragen, in dem sie mit ihrer Frau Käthe lebt.

Ein Tag im Januar 2022. Rita, Sabrina und Naram sitzen am Küchentisch des Hauses, in das Rita und ihre Frau Käthe erst vor Kurzem eingezogen sind. Rita ist in Dänemark geboren, Sabrina in Deutschland, Naram in Syrien. Käthe ist gerade zur Kur, um sich ein bißchen vom Dorf zu erholen. Denn das Dorf ist eine Baustelle, auch wenn die ersten zehn Häuser endlich stehen, nach unzähligen Diskussionen und Kämpfen und Arbeiten. Alle Projekte, die ich besucht habe, sind in gewisser Weise Baustellen. Aber das Dorf ist die größte von allen, unter anderem, weil es sich um die einzige Gemeinschaft in diesem Buch handelt, die ihre Häuser zum Teil selbst gebaut hat. Damit keine Mißverständnisse aufkommen: Das Dorf ist kein Dorf im klassischen Sinne, es gibt keine Kirche, keinen Fußballplatz und – noch – keine Bäckerin. Das Dorf liegt auch nicht abgeschieden irgendwo in Niedersachsen, sondern hängt dran an der Gemeinde Hitzacker – dazu später mehr. Ich kenne das Projekt seit sechs Jahren, habe es immer mal wieder besucht und oft gedacht: ›Tolle Idee, aber das wird nie was.‹[1] Rita und Käthe dagegen haben immer daran geglaubt, dass der Traum wahr wird. Und falls sie doch einmal gezweifelt haben sollten, dann haben sie es für sich behalten. Das Dorf ist ihr Leben. Im Dezember 2019 haben sie hier geheiratet. Käthe wirkt in Gesprächen oft zurückhaltender als ihre Frau, sie sucht nach den richtigen Formulierungen, während Rita kein Blatt vor den Mund nimmt und auch mal austeilt. Das sei typisch für ihre alte dänische Heimat, sagt sie. Die Deutschen, auch die Deutschen hier im Dorf, sprächen oft nicht aus, was sie wirklich denken, was die Diskussionen, die sie hier ständig führten, nicht gerade einfacher mache. Die schnoddrige »Kiste«, in der Rita aus ihrem Haus getragen werden will, ist also vermutlich das, was sie wirklich sagen wollte, der »Sarg« eher der Höflichkeit geschuldet. Aber egal ob in einem Sarg oder in einer Kiste: Raus auf die Dorfstraße soll es eines Tages gehen, wenn Rita gestorben ist, vorbei an den Häusern, die sie zusammen gebaut haben. Häuser, in denen Alte und Junge leben, Menschen mit und ohne Migrationsgeschichte, Singles und Familien, Heteros und Schwule und Lesben[2], Menschen mit geregeltem Einkommen und Menschen, die auf Unterstützung angewiesen sind – durch den Staat und durch die Dorfgemeinschaft selbst, die so etwas sein will wie ein besserer, solidarischerer Staat im Kleinen. Nur ohne Hierarchien, natürlich.

Die Dorfstraße ist noch nicht befestigt, als ich das Projekt Anfang 2022 besuche. Sie ist ein Band aus hellem Sand, durchfurcht von schweren Baustellenfahrzeugen. In den Pfützen spiegelt sich der feuchte dunkle Januarhimmel. Links und rechts der Dorfstraße liegen die zweigeschossigen Häuser; die Holzfassaden schimmern in verschiedenen Farben. Am Ende der Dorfstraße formen die Häuser einen Halbkreis. »Das Mutterschiff« nennt Rita die Dorfstraße gern. »Der Wendehammer«, sagt eine andere, weniger poetisch veranlagte Dorfbewohnerin. 80 Menschen sind sie inzwischen. Im Januar 2022 ist es erst wenige Monate her, dass alle eingezogen sind ins Dorf, die erste Generation sozusagen. Ob sie jemals die 300

werden, von denen in den ersten träumerischen Anfängen oft die Rede war? Und ob es jemals möglich sein wird, tatsächlich im Dorf zu sterben? Sabrina lächelt Rita an: »Wir könnten dich auch verbuddeln! Und vorher ein kleines Lagerfeuer machen.« Rita lacht.

Die Türen sind selten abgeschlossen. Hausnummern haben sie hier nicht. »Der wohnt im grünen Haus«, sagen sie zu mir, wenn ich jemanden besuchen will. Oder: »Die wohnt im blauen.« Das Haus, in dem Sabrina seit Kurzem mit zwei Kindern wohnt (ihre Älteste ist inzwischen ausgezogen), sieht aus wie die Deutschlandfahne. Findet zumindest Rita: »Eigentlich ist es blau, rot und gelb. Aber von Weitem sieht das Blau aus wie Schwarz. Leider!«

Typisch deutsch wollen sie hier auf keinen Fall sein. Gegenüber dem Areal, auf dem das Dorf entstanden ist, stehen Einfamilienhäuser. In einem Vorgarten thront ein großer, schwarz lackierter Anker, über einem anderen weht eine HSV-Fahne und im dritten flattert das echte Schwarz-Rot-Gold über einem akkurat geschnittenen Rasen. Es gab Unterschriftenaktionen gegen das Projekt, ein Nachbar sprach von »Karnickelställen«, die ihm plötzlich vor die Nase gesetzt würden, ohne dass ihn jemand gefragt hätte. Es gab jahrelange juristische Auseinandersetzungen mit einem Unternehmen auf dem kleinen Gewerbegebiet, das direkt an das Grundstück des Dorfes grenzt. Der Baubeginn verzögerte sich immer wieder. Ob die Fassade eines Hauses zu sehr nach Deutschlandflagge aussieht, ist also nicht ihre größte Sorge.

Das Gemeinschaftshaus wird gerade fertiggebaut. Aber werden sie jemals über das hinausgehen, was sie in den vergangenen sechs Jahren errichtet haben? Und wenn ja: Wie schnell soll oder muss das gehen? Darüber hat Rita gestern mit ihrem Nachbarn Matthias gestritten, zum ersten Mal, wie ein altes Ehepaar, sagt sie und lacht. Er sieht die Gefahr, dass das Dorf behäbig wird. »Mein Gefühl ist, wenn wir jetzt erstmal Stopp sagen und – böse gesagt – den Vorgarten schön machen, dann wird es immer schwerer, weiterzubauen. Und die Menschen, die zu uns kommen, zu begeistern«, sagt Matthias. Außerdem seien die Zinsen ja gerade noch niedrig. Das ist im Januar. Ein paar Monate später sieht das mit den Zinsen ganz anders aus, und es zeigt sich wieder: Der Wunsch, alles anders zu machen als die anderen, mag in einem Wohnprojekt noch so groß sein – die schnöde Realität da draußen spielt trotzdem immer mit. Rita versteht Matthias Warnung vor der Behäbigkeit. Aber sie würde gerne mal ein bisschen Luft holen, jetzt, wo das erste Etappenziel nach so großen Mühen erreicht ist. Sie waren Getriebene, sechs Jahre lang. Menschen wie Sabrina, die schon ihre alte Wohnung gekündigt hatten, warteten monatelang darauf, dass ihre eigenen Häuser im Dorf endlich fertig wurden. Kreditraten, die bedient werden mussten, Förderungen, die abgerufen werden mussten, und immer neue Fristen saßen der Gemeinschaft im Nacken. Jetzt, sagt Rita, würde sie gerne mal sagen können: »Ich *will* das jetzt machen!« statt »Es *muss* genau jetzt gemacht werden.« Gleichzeitig glaubt sie aber auch, dass es weitergehen muss, dass sie nicht stehen bleiben dürfen. Neue Menschen mit neuen Ideen müssen dazukommen – und die brauchen natürlich auch neue Wohnungen im Dorf. Wie schafft es eine Gemeinschaft, lebendig zu bleiben, den Enthusiasmus und die Ideale der schönen Anfänge nicht zu verlieren – ohne dass sich alle permanent verausgaben? Auch das ist eine Frage, die alle Projekte in diesem Buch beschäftigt.[3]

Wenn sie im Dorf streiten, so wie das Rita und Matthias neulich getan haben, dann ist das selten eine rein persönliche Angelegenheit. Klar, es gibt auch hier die kleinen Kabbeleien, die man aus konventionellen Nachbarschaften kennt. Neulich gab es Beschwerden, weil auf dem kleinen sandigen Platz am Ende der Dorfstraße ein Kindertrampolin aufgestellt wurde, ohne dass alle ein Wörtchen dabei mitreden durften. Meistens aber geht es im Dorf um alles: die Gemeinschaft, das große Ziel. Sabrina findet, das Dorf sei nicht politisch genug. Rita hält dagegen: Dass das Dorf überhaupt existiert, dass sie es zusammen gebaut haben, damit die unterschiedlichsten Menschen hier leben können, das sei das Politische an ihrem Projekt. Zusammenhalten, alle mitnehmen, füreinander da sein – bis zum Schluss. »Wir sind nicht eine Masse von Menschen, die alle gutbürgerlich sind und gut Geld haben«, sagt Rita. »Hier haben manche Geld, und andere haben überhaupt kein Geld. Und die müssen irgendwie versorgt werden von der Gemeinschaft.« Rita war Unternehmensberaterin, für Non-Profit-Organisationen, das betont sie, und hat unter anderem Frauenhäuser beraten. Käthe war eine Zeit lang Pastorin. Beide bekommen eine gute Rente. Sabrina macht gerade eine Umschulung, die ihr die Agentur für Arbeit bezahlt, als ich das Dorf im Januar besuche. Dass sie überhaupt Mitglied in der Dorfgenossenschaft werden konnte, hat sie der Solidarität der anderen zu verdanken. Naram, die mit ihrem Mann 2014 aus Syrien geflüchtet ist und inzwischen drei Kinder hat, bezahlt ihre Miete inzwischen selbst. Sie hatte in ihrer alten Heimat Jura studiert. Jetzt hat sie eine Arbeit als Altenpflegerin angenommen. Diese kleine Runde an Ritas Küchentisch ist eine erste Antwort auf die Frage, was das Dorf unter »alle« versteht.

Zeit, das Bild zu erweitern. Raus aus der Küche, und raus aus dem Dorf: Wo sind wir überhaupt? Hitzacker heißt die Kleinstadt, an deren Rand das Dorf entstanden ist. Die 5.000-Einwohner-Gemeinde liegt in Niedersachsen, im Landkreis Lüchow-Dannenberg, dem am dünnsten besiedelten Landkreis in den alten Bundesländern. Den Ortskern schmücken hübsche Fachwerkhäuser. Einige von ihnen stehen leer. »Das Wendland« wird die Gegend im östlichen Niedersachsen auch genannt. Das klingt ein bisschen nach Auenland und Herr der Ringe, und so ganz abwegig ist diese Assoziation auch nicht. Das Wendland ist lieblich und rebellisch. Die Fronten zwischen Gut und Böse verliefen hier ziemlich klar, zumindest wenn man in den 1970ern Atomkraftgegnerin war. Das geplante Atommüllendlager Gorleben wurde zum Symbol für einen Staat, gegen den man sich zur Wehr setzen musste. Auf dem Gelände einer Tiefbohrstelle, an der geprüft werden sollte, ob sich der Salzstock Gorleben als atomare Müllhalde eignet, wurde im Mai 1980 die »Republik Freies Wendland« gegründet. Ein basisdemokratisches, ökologisches Protestdorf, bewohnt von 500 Menschen, die sich ihre eigenen Pässe ausgestellt hatten. Die Inhaber sagten sich los von einem Staat, der in ihren Augen die Unversehrtheit von Mensch und Natur gefährdete. Das Symbol dieses utopischen Ortes sieht man immer noch überall im Wendland, als Sticker oder auf Pullis und Mützen, natürlich auch im Dorf: eine stilisierte orangefarbene Sonne auf grünem Grund. Nach nur einem Monat räumten Polizei und Bundesgrenzschutz die Republik Freies Wendland, unter anderem wegen Verstößen gegen die Bauordnung und das Bundesmeldegesetz. Doch die rebellisch-kreative Haltung ist geblieben. Für Menschen aus der Region, aber vor allem aus den Großstädten Hamburg, Berlin und Hannover, ist das Wendland bis heute ein Versprechen: Ländlich leben, ohne spießig zu sein. Dinge ausprobieren, für die man anderswo belächelt wird oder einfach keinen Platz findet. Zum Beispiel ein Dorf bauen, in dem alle leben können.

Im November 2016 habe ich das Dorf zum ersten Mal besucht. Es bestand aus einem kahlen Acker und einer frisch gegründeten Genossenschaft, 50 Menschen, die das Bauland gerade von der Gemeinde Hitzacker gekauft hatten. 3.500 Quadratmeter für 350.000 Euro. Käthe und Rita waren damals schon dabei. Sie wollten Hamburg-Eimsbüttel, wo sie lange gelebt hatten (und wo hier und da auch ein Aufkleber »Republik Freies Wendland« zu sehen ist) den Rücken kehren, um als Rentnerinnen zum ersten Mal in einer Gemeinschaft zu leben. Wobei das mit dem »ersten Mal Gemeinschaft« nicht so ganz stimmt: Rita hatte bereits eine gewisse Erfahrung. Allerdings mit einer Gemeinschaft, die sie sich nicht ausgesucht hatte: Sie war in einem Dorf in Dänemark aufgewachsen und sehnte sich jetzt zurück nach der Nähe zur Natur und dem selbstverständlichen Miteinander, nach den Gesprächen von Tür zu Tür, der gegenseitigen Unterstützung, dem gemeinsamen Essen an einem großen Tisch. Wobei dieses Miteinander für sie als lesbische Frau dann wohl doch nicht immer so völlig selbstverständlich gewesen war. Im Januar 2022, in der Küche, erinnert sie sich:

»Was zu Hause in dem Dorf passiert ist, das wollte ich nicht wieder haben. Ich wollte nicht aufs Land ziehen als lesbisches Paar und irgendwo zwischen irgendwelchen konservativen Bauern leben. Sondern – ich glaube, das war klar – das muss etwas sein, wo Menschen denken wie ich. Und mit denen ich hier wohnen kann.«

In den sechs Jahren, in denen das Dorf entstanden ist, haben sie gemerkt, dass sie über einige Fragen eben doch sehr unterschiedlich denken. Als Corona durchs Land zog, erlebte die Gemeinschaft eine Zerreißprobe. Manche fanden die Maßnahmen völlig übertrieben, anderen machte das Virus große Angst. Einer der jungen Bewohner glaubt, dass die Gräben, die in dieser Zeit entstanden sind, sich nie wieder ganz schließen werden. Aber im Herbst 2016 war der kahle Acker noch eine Projektionsfläche, von der Realität unberührt. Da sprachen Rita und Käthe mit leuchtenden Augen von den 300 Menschen, mit denen sie bald hier leben würden. Ein Drittel alte Menschen, ein Drittel junge Familien, ein Drittel Geflüchtete, das war der Plan. Und alle zusammengehalten und beschirmt von einer großen Idee. Heute können sie sich, trotz all der Diskussionen, wohl auf *Solidarität* einigen, wenn es darum geht, der Idee einen Namen zu geben. Damals, ganz am Anfang, hatte die Idee einen Namen, der in linken Kreisen deutlich umstrittener ist: *Heimat*. Heimat, Version Wendland. Heimat für die Geflüchteten, die trotz Merkels »Wir schaffen das!« weiter in Containern hockten und nicht wussten, was werden soll. Und Heimat für alte Menschen, die sich einsam fühlten – oder Angst davor hatten, dass die Einsamkeit eines nicht allzu fernen Tages zu ihnen kommen würde, in die Eigentums- oder Mietwohnung. Diese Angst, die ich mit Ende vierzig auch gerade kennenlerne und die diese Gemeinschaft, diese Neuerfindung des Dorfes, plötzlich zu einer Option werden lässt: ›*Vielleicht wäre ich hier gut aufgehoben?*‹

Als ich mit Anfang vierzig auf dem Acker stand, war das Dorf einfach eines der spannenden Themen, nach denen Journalistinnen die Republik absuchen. Ein bisschen skurril und sehr herzerwärmend. Und der Mann, der ganz am Anfang dieser Geschichte stand, noch bevor Käthe und Rita dazu gestoßen waren, sah ein bisschen so aus, wie ich mir einen in Schönheit gealterten Robin Hood vorstelle: Hauke Stichling-Pehlke, ein Mann mit markanten Zügen und weißer voller Mähne, spitze Lederstiefel an den Füßen, stand auf dem Acker und erzählte, wie er mit einem Freund beim Rotweintrinken die allererste Idee zum Dorf gehabt hatte: »Die Geflüchteten haben mit vielen alten Menschen eines gemeinsam: Das Gefühl, irgendwie verwaist zu sein. Hier im Wendland haben sich schon Wahlverwandtschaften zwischen geflüchteten Familien und Rentnern gebildet. Da haben wir uns gesagt: Fangen wir doch alle zusammen an und überlegen wir uns, wie wir wohnen und arbeiten wollen, und machen ein Dorfprojekt!« Ohne Hauke Stichling-Pehlke gäbe es das Dorf nicht, er hat dessen schwere Geburt lange begleitet, ist inzwischen aber aus dem Projekt ausgestiegen. »Hauke ist ein Visionär‹,«, sagt Rita zu mir, als wir in ihrem fertig gebauten Haus sitzen, »aber kein Auf-den-Boden-Bringer.« Es bleibt offen, was sie damit genau meint.

Der Boden jedenfalls, auf dem das Dorf gebaut ist, wird teurer und teurer.[4] Und selbst wenn man einmal absieht von den Grundstückspreisen: Die Bedingung aller Projekte, oder – vielleicht besser: – der Rahmen, in dem sich das Dorf und alle anderen Gemeinschaften in diesem Buch bewegen und an dessen Grenzen sie immer wieder stoßen, ist das Geld. »Leider!«, sagen viele, die in diesen Projekten leben. Gemeinschaftliches Wohnen will antikapitalistisch sein, aber es findet mitten im Kapitalismus statt.[5] Ein Sechs-Millionen-Euro-Projekt ist das Dorf. Das Geld kommt von der GLS-Bank beziehungsweise aus KfW-Krediten. Und von denen, die im Dorf leben. Deren finanzieller Beitrag ist etwas komplizierter als die Miete, die ich jeden Monat überweise. Wer in eine Genossenschaft eintritt, muss eine Einlage zahlen. 500 Euro sind es beim Dorf. Viele Menschen, die das Projekt unterstützen wollen, ohne dort zu wohnen, zahlen diese Einlage. Wer aber tatsächlich eine Wohnung im Dorf haben will, zahlt zusätzlich die sogenannten Wohnungsanteile, abhängig von der Größe der Wohnung. Und schließlich kommt dann noch die Miete dazu, die beim genossenschaftlichen Wohnen »Nutzungsgebühr« genannt wird. Die dient zur Deckung der laufenden Kosten. »Kein Vermieter erzielt eine Rendite, wie zum Beispiel bei vielen Häusern, die weitervererbt und dann vermietet werden«, erklärt Hinrich von der Finanzgruppe.

Wer sich die Einlage und die Wohnungsanteile nicht leisten konnte, war auf die Solidareinlagen der Genossinnen mit mehr Geld angewiesen. Auf dem spätherbstlichen Acker traf ich neben Rita, Käthe und Hauke auch zum ersten Mal Sabrina und ihre drei Kinder. Warum sie ins Dorf ziehen wollte, und wie sie das finanziert, wollte ich von ihr wissen.

»Weil ich schon ganz lange was suche, wo ich in Gemeinschaft leben kann. Weil ich alleine mit den Kindern bin und das einfach nicht gut geht. Ich hab einen Teil von meiner Familie beigesteuert bekommen, ich hab das selber nicht zur Verfügung. Und ansonsten hoffe ich auf Solidareinlagen, mit denen meine Wohnung gebaut werden kann.«

Sabrina bekam diese Hilfe und konnte der Genossenschaft beitreten. Die Miete im Dorf, das war von Anfang an klar, sollte so niedrig wie möglich sein. Von 3 Euro kalt pro Quadratmeter träumten sie mal, um dann bei 6 Euro zu landen. (Das wird sich demnächst ändern, mehr dazu in Kapitel 9 »Du hast es versprochen!«). Ich rechne kurz nach: Könnte ich mir das Dorf leisten? Könnte ich hier eine 45-Quadratmeter-Wohnung haben, wie die in Hamburg-Altona, in der ich gerade sitze und dieses Buch schreibe? Ich müsste 500 Euro parat haben, um überhaupt Genosse zu werden. Dann kämen 18.000 Euro Wohnungsanteile hinzu. Und dann die monatliche Miete von 6 Euro kalt pro Quadratmeter, also 270 Euro. Rund 200 Euro weniger als das, was ich meiner Vermieterin jeden Monat überweise. Ich müsste meine Eltern um eine kleine Anschubfinanzierung bitten. Und ich müsste als freier Journalist natürlich immer mal wieder raus aus dem Dorf, um zu arbeiten. Aber ich könnte mir das Wohnen hier leisten, denke ich, und einen Moment lang flackert die Euphorie in mir auf, die man empfindet, wenn man auf der Suche nach einem günstigen Angebot ist und fündig wird: ›Das kann ich haben! Cool!‹ Und dann merke ich: Es ist mehr als die Begeisterung des erfolgreichen Schnäppchenjägers. Es ist das überaus beruhigende Gefühl, eine Wohnung haben zu können, aus der mich niemand mehr rausschmeißen kann.

Noch nie, sagt Rita, haben sie jemanden aus der Dorfgemeinschaft ausgeschlossen. Das würde für mich aber auch bedeuten: Ich müsste mit denen klarkommen, die über wichtige Dorf-Fragen völlig anders denken als ich. Und mit denen, die dem Dorf den Rücken gekehrt haben, obwohl sie immer noch hier wohnen. Die Frage, wie solidarisch ich bin, was ich bereit bin, für die Gemeinschaft zu geben, würde sich auf eine ganz andere, viel direktere Art stellen, als wenn ich mich ab und zu darüber ärgere, in welche Projekte der deutsche Staat meine Steuern steckt. Das Dorf kostet seine Bewohnerinnen mehr als Geld. Es ist ein kompliziertes Geben und Nehmen. Und am Anfang war es vor allem ein großes Nehmen.

Die Baukosten waren vor sechs Jahren noch nicht so hoch wie heute, wo sie dem Dorf – und allen Gruppen, die jetzt, im Krisenjahr 2022, bauen wollen – immer mehr zu schaffen machen. Aber sie spielten schon damals eine wichtige Rolle. Und so beschloss die Gemeinschaft, dass alle mit anpacken müssen, um die Wohnungen möglichst günstig zu halten – und trotzdem ökologisch. »Muskelhypothek« wird das auch genannt. Natürlich waren auch professionelle Handwerker auf der Baustelle. Aber zwischen ihnen arbeiteten Rentner, die noch nie in ihrem Leben eine Kelle in der Hand gehalten hatten, und nun lernen mussten, wie man Mauern errichtet. Ob die Sommersonne auf die Baustelle herabbrannte oder der Winterwind durch die halbfertigen Häuser peitschte: Es wurde gedämmt, verputzt, gespachtelt. Backsteine wurden zurechtgeschnitten, Schilfmatten gestutzt, um Wände zu isolieren. Ich erinnere mich an einen Besuch auf der Baustelle mitten im kalten norddeutschen Herbst, als eine alte Dame mit Wollmütze und goldener Brille, die bloßen Hände voller Mörtel, die Fugen zwischen den Backsteinen zuschmierte, während eine andere, weißhaarige Frau ein paar Meter weiter einer betretenen Baugruppe erklärte, dass diese beim Isolieren einer Außenwand gerade den zweiten Schritt vor dem ersten gemacht hatte. Fehler wurden gemacht und korrigiert, oft mit großem Aufwand. Richtig bauen – das war einer von vielen Lernprozessen, die das Dorf durchgemacht hat. Manche, sagt Rita heute, sind zu echten Bauspezialistinnen geworden. Und die anderen? Haben eben andere Fähigkeiten. Die Aufforderung bleibt: Tu was, trag was bei! Ihr eigenes Talent für Zahlen und Finanzen bringt die ehemalige Unternehmensberaterin bis heute ein – auch wenn sie oft sagt, dass sie genug davon hat. Während die anderen bauten, rechnete sie, verhandelte mit Banken, schrieb Anträge. Und war darüber hinaus dafür zuständig, dass alle ihren eigenen Beitrag zum Dorf leisten. Rund 900 Stunden sollte jeder und jede auf der Baustelle mitarbeiten. 900 Stunden – das war eine Zahl, auf die sie sich irgendwann, zwischendurch, geeinigt hatten, um ein bisschen Struktur in den »chaotischen Haufen« (Zitat Rita) zu bringen, der die Dorfgemeinschaft am Anfang war. Eine Zahl, die für manche eine enorme Belastung darstellte.

Zurück in die Küche, im Januar 2022. Sabrina erinnert sich an die beiden Jahre, in denen sie besonders viel auf der Baustelle arbeitete. Das Familienleben habe darunter gelitten, sagt die alleinerziehende Mutter. Wichtige Entwicklungsschritte ihrer Kinder hat sie verpasst, während sie ackerte bis zur völligen Erschöpfung:

>»Es war wirklich so, dass ich das Gefühl hatte: Wenn ich nicht da bin, wird es nicht weitergehen. Wir haben das Mittagessen stehen lassen und haben erstmal Schotter geschippt, weil das jetzt gerade dran war. Weil der Baggerfahrer da war und wir das jetzt einfach schnell machen mussten. Punkt. Und ich hab' gemerkt über mehrere Wochen: Es ist zu viel, es geht eigentlich nicht mehr. Ich hab' aber immer weiter gemacht. Und dann haben wir das Gerüst vom zweiten Haus abgebaut, und es machte ›Schepper!‹, und eine Stange fiel gegen mein Knie. Und ich habe Sternchen gesehen und im selben Moment gedacht: Das musste so kommen!«

Sie musste das Bett hüten. Und staunte: Das Dorf wuchs weiter, Stein für Stein, auch ohne sie. Heute ist sie seltener auf der Baustelle. Manche Menschen, die später zum Projekt gekommen sind und die Tag für Tag schuftende Sabrina nicht kennengelernt haben, nehmen ihr das übel, sagt Rita. Und sie selbst kennt sie auch: die nagende Frage, ob sie selbst vielleicht zu viel beiträgt. Und die anderen zu wenig. Neulich hat sie es nicht mehr ausgehalten, ist zu einem Nachbarn gegangen und hat ihn zur Rede gestellt: Wann er sich eigentlich wieder auf der Baustelle blicken lassen will? »Manchmal bin ich so verbissen«, sagt sie. »Und den-

ke: ›Das kann doch nicht sein! Die müssen doch jetzt auf die Baustelle kommen!‹ Und dann lasse ich los, und was passiert: Die kommen auf die Baustelle!« Die Idee mit den 900 Stunden haben sie schon lange aufgegeben. Wenn das Dorf seinen Mitgliedern Vorschriften machen würde, dann würde aus der Solidarität ein Zwang. Das Prinzip Freiheit, das ihnen hier mindestens so wichtig ist wie die Solidarität, ginge verloren. Und das Vertrauen, dass jeder und jede schon das tut, was er oder sie leisten kann, sagt Rita.

> »Wenn wir hier zwei junge Familien haben, die kleine Kinder haben – die gerade überall rumkrabbeln und alles aus den Regalen ziehen –, die können nicht auf die Baustelle! Es sei denn, irgendeine alte Oma sagt: ›Ich mache das mal! Ich passe mal auf die auf, zwei Stunden.‹ Das entwickelt sich aber gerade erst. Dass man sagt: ›Kannst du mal aufpassen? Dann gehe ich auf die Baustelle. Ich kann das besser. Ich bin stärker, ich bin jünger.‹ Da sind wir noch nicht. Es fängt so langsam an.«

Im Januar 2022 hat noch etwas anderes angefangen. Die Gemeinschaft hatte einige im Dorf, die sich die Genossenschaftseinlage und die Wohnungsanteile nicht leisten konnten, finanziell unterstützt. Jetzt, wo die ersten eingezogen sind, zeigt sich, dass manche auch ihre Miete nicht komplett selbst zahlen können. Deshalb probieren sie gerade die so genannten Bieterrunden aus. Das Verfahren läuft in drei Runden. Alle im Dorf sagen, ob sie etwas in den Topf einzahlen können oder selbst Geld aus dem Topf benötigen. Das Ziel ist, dass nach drei Runden so viel in den Topf hineingeht, wie rausgeht. Bei meinem Besuch im Januar fehlen ungefähr 200 Euro. Die Gemeinschaft hatte darüber diskutiert, ob sie die Bieterrunden offen machen. Jeder und jede im Dorf hätte dann vor allen anderen sagen müssen: »Ich gebe was dazu!« Oder: »Ich brauche was!« Oder: »Ich könnte was geben, aber ich will nicht.« Das wäre interessant gewesen, sagt Rita. Zu wissen, wer einen Antrag auf Solidarzahlung gestellt hat. Und es dann auszuhalten, wenn derjenige sich kurz danach ein neues Fahrrad kauft. Sie haben schließlich entschieden, das

Verfahren anonym zu machen. Wer im Dorf Unterstützung braucht, ist ein heikles Thema. Nur eine kleine Gruppe weiß, wer bei den Bieterrunden nicht in den Topf einzahlt, sondern etwas aus dem Topf haben will.

Fehler haben sie gemacht, klar, sagt Rita. Vor allem mit den Geflüchteten. Keine der Familien, die ursprünglich ins Dorf einziehen sollten, lebt heute hier. Als ich das Dorf im April 2019 wieder einmal besuchte, um zu sehen, wie nach vielen Verzögerungen nun die ersten Häuser entstanden sind, zog Rita eine kritische Zwischenbilanz: »Die Geflüchteten brauchen ein Zuhause, in das sie einziehen können. Und keine Visionen.« Die stundenlangen Diskussionen hätten viele ermüdet. Während die Deutschen über das Wie und Warum des Dorfes stritten, wurde für die Menschen aus Syrien und Afghanistan übersetzt, so gut es ging. Aber wie macht man Begriffe wie »Baugenehmigung« und »Solidareinlagen« wirklich verständlich? »Wovon redet Ihr hier? Was macht Ihr hier überhaupt?«, hätten die Geflüchteten sie immer wieder gefragt, erinnert sich Rita. Die Familie Kohestani aus Afghanistan, deren Söhne am Dorf mitbauten, wohnt inzwischen in Hitzacker im Einfamilienhaus. Monja, eine Bewohnerin, die genau wie Rita selten ein Blatt vor den Mund nimmt, drückt es so aus: »Wir müssen uns einfach mal eingestehen, dass wir total deutsch gebaut haben!« Was sie damit meint? Man könne einer muslimischen Frau halt keine offene Küche bauen, in der sie dann den Blicken der Männer ausgesetzt sei, sagt Monja. Die brauche einen Raum für sich, mit einer Tür, die sie hinter sich zumachen kann.[6]

Das heißt nicht, dass das Dorf nicht weiterhin versucht, Geflüchteten ein Zuhause zu bieten. Wenn man dicht an dicht mit den unterschiedlichsten Menschen lebt, erfährt man Geschichten, die in einem Mietshaus meist verborgen bleiben, sagt Rita. Und Themen, die deutsche Frauen gerne in der Öffentlichkeit diskutieren, sind für Frauen aus muslimischen Familien Privatsache. Für Naram jedenfalls, die ich im Januar 2022 in Ritas und Käthes Küche kennenlerne, ist das Dorf ein Glücksfall. Naram ist in Aleppo aufgewachsen. Wenn sie nachts nicht schlafen konnte, ging sie zu den Nachbarn, um dort zur Ruhe zu kommen. 2014 floh sie mit ihrem Mann aus Syrien. Sie war schwanger; inzwischen hat sie drei Kinder. Ein ganzes Jahr lang lebten sie und ihr Mann in einem einzigen Zimmer in Griechenland. Die nächste Station: eine Flüchtlingsunterkunft in Dannenberg, rund zehn Kilometer von Hitzacker entfernt. »In Dannenberg hatte ich gar keine Kontakte«, sagt Naram. »Die Nachbarn haben sich zurückgezogen, die waren gar nicht begeistert von uns. Dann habe ich gedacht: ›Okay, du bist in Deutschland, das ist hier so! Du musst damit leben.‹ Und dann habe ich das Dorf kennengelernt und gedacht: Ach, doch nicht! Es gibt doch was anderes!« Was ihr das Wichtigste am Dorf ist? »Gemeinschaft«, sagt Naram sofort. In Syrien hat sie Jura studiert, heute arbeitet sie als Altenpflegerin. Ihre drei Kinder spielen mit den anderen im Dorf, zum Beispiel mit Sabrinas Tochter Luna, und Sabrina und Naram sind auch schon zusammen in den Urlaub gefahren.

Außerdem arbeitet Naram in der interkulturellen Gruppe des Dorfes mit. Neben ihr, ihrem Mann und den Kindern leben im Januar 2022 noch eine palästinensische Familie und zwei junge Männer aus Afghanistan und Mali im Dorf. Naram erklärt ihnen, wie die Deutschen ihren Müll trennen. Und dass die Häuser, die zum großen Teil aus Lehm und Holz bestehen, oft gelüftet werden müssen. Und dass für das Essen, das jeden Mittag für die Dorfgemeinschaft gekocht wird, nur biologische, saisonale Zutaten verwendet werden dürfen. Erst habe sie sich sehr gewundert, sagt Naram. Der Reis sei beim Discounter doch viel billiger als im Bioladen. »Aber jetzt habe ich es verstanden!«, sagt sie und lacht.

Und umgekehrt? Was lernen die alteingesessenen Deutschen von den Geflüchteten? Und wie geht es weiter mit der Solidarität, jetzt, wo das Dorf mehr ist als Träume auf einem kahlen Acker? An einem Wochenende im Juli 2022 besuche ich sie wieder: Käthe, Rita, Sabrina und die anderen. Putins Angriffskrieg gegen die Ukraine stellt Deutschland vor Fragen, die uns vor ein paar Monaten nicht im Traum eingefallen wären. Sitzen wir im Winter alle in kalten Wohnungen? Darf ein Immobilienkonzern seinen Kundinnen die Heizungen runterdrehen? Der Wohnungsbau stockt, die Baukosten explodieren. Das Dorf arbeitet weiter. Das Gemeinschaftshaus soll in ein paar Monaten fertig sein, als krönender Abschluss des ersten Bauabschnitts. Im Dorf ist Bauwochenende, einmal pro Monat machen sie das. Ein paar Menschen, die – irgendwann, vielleicht, die Warteliste ist lang – neu ins Dorf ziehen werden, dürfen ein paar Stunden lang probieren, wie das ist, wenn man sein Zuhause selber baut. Sabrina zeigt ihnen, wie Schotter auf dem Boden einer Wohnung verteilt wird, zur Schallisolierung. Ihr fehle nach so vielen Jahren ein bisschen die Geduld für die Leute, die alle fünf Minuten Fragen stellten, sagt sie zu mir, als gerade niemand im Raum ist. Rita führt eine andere Gruppe von Interessierten herum. Sie brauchen neue Menschen, neue Ideen, neue Energie. Nur: Es müssen die richtigen Menschen sein.

»Ihr dürft nicht denken, dass ihr einfach so hier einziehen könnt«, schärft Rita der Gruppe ein. »Dann werdet ihr im Dorf nicht glücklich!« Wie das mit dem Schallschutz ist, will einer wissen. Rita antwortet kurz und bündig: Man könne hier halt nicht alles haben, Gemeinschaft, ökologisches Wohnen und dazu noch den Komfort einer Standardwohnung, wie sie in Hamburg oder Hannover zu haben ist. Ob der Holzfußboden denn behandelt sei, ist eine andere Frage. »Nein«, sagt Rita. »Der wird nicht behandelt, sonst könnte man das Haus nicht wieder zusammenstampfen und ökologisch entsorgen.« Die meisten in der Gruppe sind in Ritas Alter. »Das ist doch unsere Generation, die immer meinte, auf nichts verzichten zu müssen«, sagt Rita. »Davon wollen wir einen Schritt zurück.« Eine Frau nickt. Ihr Mann habe früher immer gesagt, dass er nie mehr besitzen wolle, als in einen Koffer passt. Das habe er inzwischen völlig vergessen. »Wir wohnen in einem riesigen Haus, das ist total unsozial.« Rita ist ehrlich: Einige hier im Dorf hätten Wohnungen, die eigentlich zu groß sind. Sie und Käthe gehörten dazu.

Ich sitze mit Käthe auf einer Bank in der Julisonne, unterdrücke den Impuls, irgendwo mitzuarbeiten, damit ich nicht wirke wie ein fauler Hund, und frage Ritas Frau, was sie von den Geflüchteten lernt. Um es mit einem Satz zu sagen: Sie und alle Deutschen im Dorf haben erfahren, wo ihre Grenzen sind. Ursprünglich sollte das Dorf zu je einem Drittel von älteren Deutschen, jungen Deutschen und Geflüchteten bewohnt werden. Jetzt, im Sommer 2022, gibt es in den zehn Häusern mit ihren 44 Wohneinheiten nur 6 Wohnungen für Menschen, die vor Kriegen und anderen Katastrophen geflohen sind. »Mehr schaffen wir nicht«, sagt Käthe. Sie wollen verhindern, dass die Deutschen und die Geflüchteten im Dorf nebeneinanderher leben. Deshalb soll von jetzt an jeder, der aus einer Krisenregion neu ins Dorf kommt, dort eine feste Ansprechperson haben, jemanden, der ihn oder sie an die Hand nimmt und hineinführt in die Gemeinschaft. Ob »Betreuung« das richtige Wort dafür ist oder ob darin weiße Überheblichkeit steckt, darüber diskutieren sie gerade. Zu Beginn hätten sie sich jedenfalls nicht klargemacht, dass jeder Mensch, der eine Flucht hinter sich hat, in irgendeiner Weise traumatisiert ist, sagt Käthe. Man müsse erst einmal lernen, damit umzugehen. Und damit, dass die Menschen, die heute aus Syrien oder Afghanistan ins Dorf kommen, zu Spiegeln der eigenen Geschichte werden können. Rita und Käthe sind beide kurz nach dem Zweiten Weltkrieg geboren. Käthes Vater war in der Ukraine und hat dort ein Bein verloren. Dieses Trauma habe sich in der Familie fortgesetzt – und jetzt werde sie wieder damit konfrontiert, wenn Menschen wie der junge Afghane Hamed von ihren Erlebnissen erzählen. Das Dorf soll auch für gebrochene und komplizierte Biografien ein Zuhause sein. Das hat seinen Preis. Psychisch und finanziell.

Unweit der Stelle, wo ich mit Käthe über den Krieg spreche und darüber, was er mit den Menschen macht, endet die Dorfstraße in einem Halbrund von Häusern. Dort wohnen Sabrina und Mara in dem Haus, von dem Rita meint, es sähe leider aus wie die Deutschlandfahne. Beide, Sabrina und Mara, sind alleinerziehende Mütter und beide kennen das Dorf von Anfang an. Während Sabrina die meiste Zeit auf der Baustelle verbracht hat, ist Mara lange in Griechenland gewesen. Ich besuche die beiden Freundinnen nacheinander. Erst sitze ich bei Sabrina, ihre kleine Tochter Luna ist dabei und malt, während ihre Mutter zwischendurch ein Auge auf die übrigen Kinder hat, die auf dem großen Trampolin Richtung Himmel hüpfen. Inzwischen hat Sabrina ihre Ausbildung zur

Heilpraktikerin für Psychotherapie abgeschlossen und will sich selbstständig machen. Nach und nach zahlt sie jetzt die Solidaranteile ab, die es ihr ermöglicht haben, vor sechs Jahren Teil des Dorfes zu werden. Sehr kleinteilig zahle sie, sagt Sabrina, es gehe nicht anders. Früher habe sie als Waldorferzieherin gearbeitet, aber dann sei das einfach nicht mehr gegangen. Die Umschulung hat ihr nach »langen Kämpfen« das Jobcenter finanziert. Und jetzt, nach all den Anstrengungen der letzten Jahre, braucht sie dringend eine Pause. Klar, sagt sie, nachdem sie am Anfang die Solidarität der anderen in Anspruch genommen hat, fragt sie sich schon ein bisschen, was das Dorf denkt, wenn sie demnächst in Urlaub fährt. Aber neulich hat sie es schon als Erleichterung empfunden, ihre Tochter bei einer Freundin in einer Nachbargemeinde abzuholen und die Dorfstraße, Ritas »Mutterschiff«, auch nur für ein paar Stunden zu verlassen.

Die Idee, dass das Dorf ein Ort für alle sein soll, wird weiter hochgehalten, aber sie wird anstrengender, je weiter sich die Gemeinschaft von ihren chaotisch-träumerischen Anfängen entfernt. Strukturen müssen geschaffen werden, um die Solidarität zu verwalten. Dabei haben sie doch schon mehr als genug Bürokratie im Dorf, findet Mara. Sogar eine Haustiergruppe gibt es, die vor ein paar Monaten noch darüber diskutierte, ob die Hunde frei im Dorf herumlaufen dürfen. Man müsste mal eine Zeit lang so tun, als gäbe es die ganzen Gruppen und festen Termine nicht, sagt Mara, und schauen, was dann passiert. Sie hat Wassermelone mit Schafskäse gemacht, eines ihrer Lieblingsgerichte. Wenn Mara von Griechenland erzählt, will man sofort die Koffer packen und los. Während das Dorf gebaut wurde, hat sie dort gelebt. In Deutschland wäre sie zusammengebrochen, sagt die 40-Jährige. Ihr aschblondes Haar wirkt ein wenig schütter. Ihre Augen und ihr Mund sind von vielen kleinen, scharfen Fältchen umzogen. Im Winter 2014 erfuhr sie, dass sie am Hodgkin-Lymphom leidet, einem bösartigen Tumor des Lymphsystems. Zwei Jahre nach dieser Diagnose lernte sie das Dorf kennen, beziehungsweise die Menschen, die es errichten wollten. »Ich habe immer in Gemeinschaften gelebt, seit ich von zu Hause ausgezogen bin«, erzählt sie. »Aber das waren immer Gruppen, die schon lange zusammen waren, als ich dazu kam. Ich hatte den tiefen Wunsch, an einem Projekt mitzuarbeiten, das gerade erst entsteht.« Ihr erster Eindruck vom Dorf war aber: viel zu groß gedacht und viel zu idealistisch. »Ich wollte das Dorf aus dem Kopf kriegen und bin noch einmal hingefahren, um zu sehen, dass das wirklich nichts werden kann.« Aber bei diesem Besuch spürte sie die Energie, die enorme Bewegung, und beschloss: Da will ich hin, und mitplanen, mitbauen. Die erste Chemotherapie hatte gut angeschlagen. »Jetzt werden Sie gesund!«, an den Satz ihres Arztes erinnert sie sich noch. Und an den Herbst 2018, als der Arzt ihr sagte, dass ihre Krankheit nicht zu heilen sei und alle weiteren Behandlungen nur lebensverlängernd sein könnten. Sie ging nach Griechenland, während das Dorf langsam Gestalt annahm. »Und die Gemeinschaft hat das mitgetragen, auch als klar war, dass ich nicht mitbauen kann und auch keiner Arbeit mehr nachgehen kann, um Geld zu verdienen. Eine Frau aus der Finanzgruppe hat mir immer wieder gesagt: ›Wir wollen dich hier haben, Mara! Alles, was du tun musst, ist, den Antrag auf Solidareinlagen einreichen!‹ Mara hat früher mit geistig behinderten Kindern gearbeitet. Und jetzt sollte sie plötzlich selbst Hilfe in Anspruch nehmen? Monatelang lag der Antrag da, und sie schaffte es nicht, ihn auszufüllen. Inzwischen hat sie es getan. Maras Einlage und ihre Wohnungsanteile hat die Dorfgemeinschaft für sie übernommen. »Und es fühlt sich nicht an wie Schulden«, sagt sie. Die 584 Euro Miete zahlt sie von ihrer kleinen Rente. Wir sprechen über meine Schwierigkeit, dieses Dorf in all seinen Facetten und Widersprüchen in einem kurzen Buchkapitel zu beschreiben. »Solidarität, das ist doch euer Kerngedanke!«, sage ich. Mara findet den Begriff zu starr, zu politisch. Unter der Last eines so großen Wortes könne sich keine Gemeinschaft entwickeln. Trotzdem brauche das Dorf eine Vision. Dann entwickelt sie ein Bild, das für alle Projekte in diesem Buch stehen kann:

»Unsere Vision, die ist unerreichbar. Wie Sterne, die man nicht erreichen kann, die man aber braucht, um zu navigieren. Für jeden von uns hier im

Dorf sieht der Sternenhimmel anders aus, weil jeder und jede von einer anderen Position aus auf ihn schaut. Und in diesem Sinne ringen wir miteinander und umeinander.«

Es ist Abend geworden. Die Vorgärten, die noch keine sind, sondern sandige Flächen, auf denen Wiesenblumen wachsen, werden gegossen, wie alle anderen Vorgärten in Hitzacker auch. Ich sitze bei Rita und Käthe am Abendbrottisch, da, wo wir im Januar über Ritas Wunsch, im Dorf zu sterben, gesprochen haben. Könnte man hier überhaupt seine letzten Monate, Wochen und Tage verbringen? »Nicht sofort antworten!«, sagt Rita zu ihrer Frau. »Möchtest *du* antworten oder was?«, fragt Käthe. »Nee!«, sagt Rita. »Überleg doch erstmal!« Es ist einer dieser Dialoge, die nur Paare verstehen, die seit Jahrzehnten zusammenleben. Aber dann erklären sie es mir. Eine Nachbarin, die an Multipler Sklerose leidet, hatte neulich einen schweren Schub und wird, wenn sie aus der Reha ins Dorf zurückkehrt, eine neue Herausforderung für die Gemeinschaft sein. »Pflegestufe vier«, erklärt Käthe. Und dass die Nachbarin sich wünscht, dass das Geld, das ihr für die Pflege zusteht, im Dorf verteilt wird. Die eine oder andere Frau werde doch sicher bereit sein, sie zu pflegen. Schließlich gebe es ja auch welche im Dorf, die das Geld gut gebrauchen könnten.

Rita sagt, die Idee ihrer Nachbarin sei im Dorf »nicht unumstritten«. Sicher, man wolle sich gegenseitig unterstützen, einander beistehen, im Alltag und in Ausnahmesituationen. Aber der Anspruch auf Pflege sei doch etwas anderes. Auch einige im Dorf sähen das so: »Was wir unter solidarischer Nachbarschaft verstehen, ist, dass du dir die Pflege, die du bezahlt bekommst, von außen holst. Oder durch einen Pflegedienst, den wir hier installieren.« Alles andere, Essen kochen, Geschichten vorlesen, trösten, verstehe sich von selbst. Käthe erzählt, dass sie schon mit ein paar Männern über das Thema gesprochen hat. Denen sei nicht wohl bei dem Gedanken, dass Frauen aus dem Dorf sie in ihren letzten Monaten und Wochen aus nächster Nähe erleben könnten. Wenn die Nachbarin aber den Wunsch habe, von den anderen und nicht von einem professionellen Pflegedienst umsorgt zu werden, dann gebe es da offenbar Diskussionsbedarf, sagt Rita. Ich denke kurz an die unerreichbaren Sterne, von denen Mara gesprochen hat und die jeder und jede im Dorf aus einem anderen Blickwinkel betrachtet. Im Gemeinschaftshaus, das im Frühjahr 2023 fertig wird, soll ein Therapeutikum entstehen. Welche medizinischen Angebote es dort genau geben wird, darüber beraten sie noch. Im Gespräch seien auf jeden Fall zwei Zimmer, »wo jemand dann liegen kann«, sagt Käthe. »Durch die Situation der Nachbarin haben wir gemerkt, dass wir die Modelle, die wir im Kopf haben, jetzt diskutieren müssen. Das kann jeden von uns treffen. Und das wünsche ich mir für die nächsten Jahre, dass wir in Ruhe über solche Dinge reden.« Wenn denn jemals Ruhe einkehrt im Dorf. Rita seufzt: »Wir nehmen uns immer zu viel vor. Und wir wollen immer alles sofort«.

Damit sind sie nicht allein. Die Geschichte des gemeinschaftlichen Wohnens ist voller großer Ideale und voller schmerzhafter Zusammenstöße mit der widerspenstigen Wirklichkeit.

2

Große Erwartungen

»Wie machen wir das jetzt an Weihnachten?« Die Gruppe ist gespalten, zwei Nächte lang wird diskutiert, »unter starker emotionaler Beteiligung«, vermerkt das Protokoll. Die einen wünschen sich einen Weihnachtsbaum und »gemütliches Beisammensein«, um eine Atmosphäre zu schaffen, in der sich die Kinder und die Erwachsenen intensiv miteinander beschäftigen können. Die anderen lehnen das strikt ab. Sie fordern eine »chaotische Vernichtung weihnachtlicher Gefühlsseligkeit«, und zwar »innerhalb und außerhalb der Kommunenwohnung«. Und wenn schon ein Weihnachtsbaum ins Haus kommt, dann bitte nur, damit die Kinder ihn »zerhacken und für ihre Spiele umfunktionieren können«.

Die Diskussion fand 1967 statt, in einer geräumigen Altbauwohnung in Westberlin, in einer Gruppe, die gemeinschaftliches Wohnen ausprobierte – nicht, weil man sich zusammen eine bessere Wohnung leisten konnte, sondern weil man sich als Avantgarde der Weltrevolution sah. »Kommune 2: Versuch der Revolutionierung des bürgerlichen Individuums« steht auf dem Einband des zerfledderten Bandes, den ich mir im Antiquariat besorgt habe. Das Cover zeigt einen Menschen. Die Augen sind geschlossen, der Mund halb geöffnet, ein ekstatischer Ausdruck liegt auf diesem Gesicht. Vielleicht tanzt dieser Mensch, vielleicht singt er auch, jedenfalls ist er in Bewegung. Und um Bewegung ging es bei diesem Experiment, das sich in so vielem unterscheidet von den Projekten in diesem Buch – und in so vielem dann auch wieder dem gleicht, was Menschen heute vorhaben, wenn sie sich zum gemeinschaftlichen Wohnen entschließen: Besitz neu denken. Weniger konsumieren. Die Kindererziehung nicht mehr allein den Eltern überlassen. Den Alltag gemeinsam bewältigen. Es wäre naiv, sich die Geschichte des gemeinschaftlichen Wohnens als einen geradlinigen Verlauf zu denken, der von chaotischen ersten Versuchen in der Vergangenheit zu irgendeiner Form von perfektem Modell in der Gegenwart führt. Man muss sich nur ein Wochenende lang im Dorf Hitzacker umschauen und umhören, um zu sehen: Jede Gemeinschaft ist ein Universum für sich, ein widersprüchliches Ineinander von persönlichen Geschichten und gesellschaftlichen Entwicklungen, von großen Ideen und praktischen Zwängen. Was dennoch alle Projekte damals wie heute verbindet, ist die Überzeugung, dass die Herausforderungen des Lebens sich besser in der Gruppe meistern lassen. Eine Gruppe, die sich neu zusammenfindet und sich – um es ein bisschen pathetisch auszudrücken – ihr eigenes Gesetz gibt. Besonders spannend ist die Frage, was dabei aus der klassischen Familie wird. In der Geschichte des gemeinschaftlichen Wohnens spielt sie gleich auf zwei Ebenen eine wichtige Rolle. Da ist erstmal die Architektur: Unsere Vorstellung von einer »richtigen Wohnung« ist untrennbar verbunden mit dem Modell »Kleinfamilie«. Für diese Konstellation wurde in Deutschland jahrzehntelang gebaut. Gemeinschaftliches Wohnen stellt dieses vermeintliche Naturgesetz zur Diskussion und denkt Räume neu. Gleichzeitig standen und stehen alle Gemeinschaften vor der Frage, wie sie die Familie überhaupt in ihr neues Lebensmodell integrieren. Wird sie Teil eines größeren Netzwerks? Oder muss sie zertrümmert werden wie ein bourgeoiser Weihnachtsbaum?

Im Gegensatz zur hedonistischen Kommune 1 verstand sich die Kommune 2 als politisches Labor. Schon in der Einleitung des Protokolls, das die Gruppe verfasst hat, um ihre Erfahrungen weiterzugeben, wird die bürgerliche Familie gnadenlos seziert. »Die Familie als Schutzraum, wo die kapitalistischen Gesetze von Konkurrenz und Ausbeutung nicht gelten sollten, hat es immer nur für einen Teil der Gesellschaft gegeben«, analysiert das Kollektiv. »Die ideologischen Leitbilder der Familie waren orientiert an den Verhältnissen der bürgerlichen Familie, dem, was heute ›obere Mittelschicht‹ heißt.«[1] Aber auch diese sei nicht verschont geblieben von den psychischen Deformationen des Kapitalismus. Die Menschen in der Bundesrepublik der späten Sechziger seien zu Automaten mutiert, die auf Signale reagierten. Eine »zunehmende emotionale Verarmung« und »die Unfähigkeit der Menschen, miteinander kommunizieren zu können«, diagnostizieren die Kommunardinnen. Immer mehr Männer und Frauen suchten deshalb nach Kollektiven, »in denen eine befreiendere soziale Kommunikation möglich ist.« Diese Befreiung, so die Erwartung, würde in der Gruppe anfangen und von dort ausstrahlen in die ganze Welt. Aus der Westberliner Altbauwohnung heraus sollte eine Kraft kommen, die sogar die »brutalen Gewaltäußerungen des Systems in der Dritten Welt« erschüttern könnte. Dass sie eine Sonderrolle spielen, ist den Männern und Frauen der Kommune 2 bewusst. Sich in die eigene Psyche zu versenken sei ein Luxus, keine Frage. »Aber nur das Privileg, zwei Jahre lang nicht arbeiten zu müssen, hat uns instand gesetzt, neue Formen des Zusammenlebens und der Erziehung auszuprobieren.«[2]

Dieses Ausprobieren brauchte einen Ort, und da bot Westberlin Ende der Sechziger Möglichkeiten, von denen Wohnbewegte in vielen anderen Städten nur träumen konnten – und können. Falls heute noch jemand in Hamburg, München oder Köln auf die Idee käme, »Kommune zu machen«, bräuchte er ein gut gefülltes Konto. Oder großzügige Eltern. Sogar in Berlin sind die Mieten inzwischen zu hoch für sorglose Wohnexperimente. Auch in dieser Hinsicht ist die Lektüre der alten Kommune-2-Protokolle ein Aha-Erlebnis: Zum Massenphänomen könnten die freien kollektiven Lebensformen nur werden, schreibt die Gruppe nach ihrer Auflösung, »wenn durch Aufhebung des Privateigentums an Grund und Boden und des kapitalistischen Profitprinzips beim Wohnungsbau die Voraussetzungen für humanere Wohnverhältnisse geschaffen werden.«[3]

Die Kommune, bestehend aus drei Frauen und vier Männern zwischen 19 und 29 Jahren sowie einem drei Jahre alten Jungen und einem zwei Jahre alten Mädchen, sucht zwei Monate lang die passende Wohnung und wird schließlich im August 1967 in Charlottenburg fündig: Siebeneinhalb Zimmer, Altbau. Das Projekt »Neuer Mensch durch neues Wohnen« kann beginnen. Aber schnell wird klar: Das alte Denken lässt sich nicht so leicht entsorgen wie ein alter Teppichboden. Als das riesige Regal für all die Bücher von Marx, Reich, Jung und Co. gebaut ist und die übrigen Möbel beim Trödler gekauft sind, ist man sich einig, dass die Aufteilung und Einrichtung der Zimmer nur vorläufig sein solle. Dann aber beharrt einer der Kommunarden auf einem riesigen schwarzen Schreibtisch aus Eiche. Der dominiert das gesamte Arbeitszimmer, in dem man gemeinsam an der Revolution arbeiten will. Den Vorschlag, einfache Arbeitsplatten für alle aufzustellen, lehnt der Kommunarde ab. Der unbewusste Wunsch dahinter ist schnell durchschaut: Der Schreibtischbesitzer will, verschanzt hinter seinem schwarzen Bollwerk, die »Rolle einer väterlichen Autorität« übernehmen.

Nach und nach ist der Abschied von gestern dann aber irgendwie doch gelungen – zumindest in ein paar Punkten. Gewissenhaft beschreibt die Gruppe ihre eigene Organisation. Punkt eins: »horizontaler Finanzausgleich«. Alles, was durch Jobs, Stipendien und die Unterstützung der Eltern (Da ist sie ja wieder, die bürgerliche Familie!) in der Tasche eines Mitglieds ankommt, wird gerecht in zwei Kassen aufgeteilt. Aus der einen werden Miete und Versicherung bezahlt. Aus der anderen kommen die »Gelder für den unmittelbaren Konsum«. 25 Mark pro Tag werden für Essen und Trinken festgelegt. Die Frage, wo bestimmte Anschaffungen für den Einzelnen oder für die Gruppe getätigt werden sollen, werden mit »kollektiver Phantasie« diskutiert. Und, so betonen die Antikapitalisten, sie müssen dabei »auf keines der notwendigen Luxusgüter verzichten«. Auto, Telefon, Kühlschrank, Toaster, Plattenspieler und mehrere Tageszeitungen, die beim gemeinsamen Frühstück gelesen werden – alles ist da. Trotzdem muss sich dieses Besitzen irgendwie freier angefühlt haben als im Rest der Republik: »Zu unserem eigenen Erstaunen hat die fehlende Verfügungsgewalt über eigenes Geld keine sichtbaren nachteiligen Wirkungen auf uns gehabt. Wir liefen buchstäblich immer mit leeren Taschen herum.«

Kein Besitz für niemand. Alle teilen alles. Ein Kommunarde beschreibt, wie sich sein ganzes Leben, das früher auf verschiedene Orte der Stadt verteilt war, plötzlich in den siebeneinhalb Zimmern zusammendrängt. Kochen und essen. Gespräche von morgens bis tief in die Nacht. »Die Linken«, sagt er, »sind bekannt dafür, dass sie nicht feiern können«, doch in der Kommune war das offenbar anders. Nach dem gemeinsamen Abendessen tanzen die Erwachsenen zu den Songs der Rolling Stones, die Kinder kommen dazu, und die Gruppe ist sich ziemlich sicher: Die Kleinen werden sich später in jeder Situation so bewegen, wie es ihnen Spaß macht. Und dann ist da natürlich die Politik: Flugblätter müssen gedruckt, Demonstrationen vor- und nachbereitet werden. Ständig klingelt das Telefon oder kommt Besuch, Anfragen von »allen möglichen Institutionen über jeden Scheißdreck« prasseln auf die Kommune ein. Aber schließlich wollen sie ja auch ein Modell für alle sein. Die klassische Rollenverteilung zwischen Männern und Frauen wird zwar nicht abgeschafft, aber zumindest infrage gestellt. Der Kommunarde kocht für alle und den Abwasch macht er auch. Die »Angleichung der Geschlechter« geschieht »im Haushalt, in Kleidung und Aussehen und damit zusammenhängend in einer Form freierer Bewegung.« Die Kommune findet heraus, dass auch Männer sich gerne die Haare waschen und kämmen, Süßigkeiten essen und tanzen und gibt zu Protokoll: »[W]ir haben versucht, danach zu handeln!«

Neben der Freiheit der Erwachsenen steht die Selbstbestimmung der beiden Kinder im Mittelpunkt. Die Eltern sollen im Kollektiv von der ausschließlichen Verantwortung für ihren Nachwuchs entbunden werden und in der freien Zeit über die eigenen Erziehungsmethoden nachdenken können – »mit Hilfe der objektiveren Beobachtung der Gruppe«. Teilweise ist das sehr fortschrittlich und teilweise sehr verstörend. Den Kindern wird zum Beispiel beigebracht, dass Frauen nicht weniger wert sind als Männer. Aber dann geben zwei Männer auch zu Protokoll, wie sie die Grenzen zwischen erwachsener und kindlicher Sexualität überschreiten – offiziell, weil sie der Neugier der Kleinen keine Grenzen setzen wollen. Der Traum von der »Revolutionierung des bürgerlichen

Individuums«, ausgelebt in einer zunehmend mit sich selbst beschäftigten Gruppe, mündet hier in Szenen, die schwer zu ertragen sind.

Nach ihrer Auflösung zieht die Kommune 2 ein kritisches Fazit: Die klassische Rollenaufteilung zwischen Männern und Frauen haben sie nicht überwunden. Aber: geteilte Hausarbeit und gemeinsame Kasse wirken befreiend und ermöglichen bessere Beziehungen zwischen Männern und Frauen. »Es besteht eine größere Chance für eine menschliche Beziehung, die nicht so sehr durch äußere Zwänge bestimmt und zementiert wird, sondern durch das Interesse an der Person des Partners«, schreibt die Kommune 2. Die Erwartung, dass das Wohnen in Gemeinschaft eine Entlastung für Paare und Familien bedeutet, gibt es bis heute. Ich erinnere mich daran, wie Sabrina aus dem Dorf Hitzacker ganz am Anfang des Projekts ein afrikanisches Sprichwort zitierte: »Es braucht ein ganzes Dorf, um ein Kind großzuziehen.«

Die anti-monogame Sexualität hat in der Westberliner Altbauwohnung anscheinend nicht so richtig stattgefunden: »In der Praxis aller uns bekannten Wohnkollektive hat es nie für längere Zeit so etwas wie eine Gruppen-Sexualität gegeben«, schreibt die Kommune 2. In der ganzen gemeinsamen Zeit hätten sie sich »nie nackt« gesehen, und der Traum einer Kommunardin von einem großen Bett, in dem alle miteinander kuscheln können, ohne dass aus dem Kuscheln irgendwann Sex werden muss, wurde nie erfüllt. Auch die politische Arbeit kam schnell zum Erliegen. Ein paar männliche Alphatiere gaben die Richtung vor und die Frauen (»Mädchen« nennen sie sich im Protokoll) sahen sich zu Handlangerinnen degradiert. Die Frauen erkannten, dass sie die spezifische Form der Unterdrückung, unter der sie litten, nur gemeinsam würden angehen können – ohne die Männer.

Und der Weihnachtsbaum? Der wurde schließlich doch gekauft, im Kinderzimmer statt im Gemeinschaftszimmer aufgestellt, nach den Vorstellungen der Kinder geschmückt, unter anderem mit einem »heißgeliebten Nummernschild von einem abgewrackten Auto«. Zerhackt wurde er anscheinend nicht. Die Kommune 1 kam zu Besuch, es gab ein Festessen, das sich offenbar nicht groß unterschied von dem, was man mit Vati und

Mutti zu Heiligabend gegessen hatte, und alle waren irgendwie bedrückt. Die Weltrevolution hat nicht stattgefunden. Aber die Idee, dass gemeinschaftliches Wohnen eine Art von direkter Demokratie sein muss, nicht zuletzt zwischen den Geschlechtern, lebt bis heute weiter.

Bevor es zurück in die Gegenwart geht, lassen Sie uns noch ein Stück weiter in die Vergangenheit reisen. Rund 200 Jahre vor den Experimenten der Berliner Kommune 2 sitzt eine Frau in einer niedersächsischen Küche, vielleicht gar nicht so weit entfernt von dem Acker, auf dem heute das Dorf Hitzacker steht. Und diese Küche ist nicht nur ein Ort, an dem Essen zubereitet wird. Sie ist das Zentrum einer Gemeinschaft von engen und entfernten Familienmitgliedern und dem dazugehörigen Gesinde.

»Der Heerd ist fast in der Mitte des Hauses und so angelegt, daß die Frau, welche bey demselben sitzt, zu gleicher Zeit alles übersehen kann. Ein so großer und bequemer Gesichtspunkt ist in keiner anderen Art von Gebäuden. Ohne von ihrem Stuhle aufzustehen, übersieht die Wirtin zu gleicher Zeit drey Thüren, dankt denen, die hereinkommen, heißt solche bey sich niedersetzen, behält Kinder und Gesinde, ihre Pferde und Kühe im Auge, hütet Keller und Boden und Kammer, spinnet immerfort und kocht dabei. Ihre Schlafstelle ist hinter diesem Feuer, und sie behält aus derselben eben diese große Aussicht, sieht ihr Gesinde zur Arbeit aufstehen und sich niederlegen, das Feuer ausbrennen und verlöschen, und alle Thüren auf- und zugehen, höret ihr Vieh fressen, die Weberin schlagen und beobachtet wiederum Keller, Boden und Kammer. Wenn sie im Kindbette liegt, kann sie noch einen Theil dieser häuslichen Pflichten aus dieser ihrer Schlafstelle wahrnehmen.«[4]

Die Schilderung stammt von dem Juristen und Literaten Justus Möser (1720–1794). Es kann gut sein, dass er die Hausgemeinschaft idyllischer beschreibt, als sie in Wirklichkeit gewesen ist. Die Szene zeigt aber, dass das gemeinschaftliche Wohnen lange Zeit die Regel war und nicht die Ausnahme. In einer Welt ohne Sozialversicherung, Pflegeheime, Krankenhäuser und Supermärkte waren alle auf alle angewiesen – und ein bisschen treibt der Gedanke »Wir müssen uns selbst helfen, sonst macht es keiner!« ja auch die Menschen im Dorf Hitzacker an, die sich mehr Solidarität und gegenseitigen Beistand wünschen. Viele ländliche, aber auch städtische Großhaushalte umfassten im Mittelalter bis zu 50 Personen. Und es war, wenn man dem französischen Ethnologen Pascal Dibie glauben darf, durchaus üblich, dass im selben »Bett sich Eltern, Onkel, Tanten, Vettern, Basen, Kinder, Sklaven und Diener drängten, und in dem, sehr zum Mißfallen der Kirche, häufig mehr als zehn Personen splitternackt und kunterbunt durcheinanderschliefen«.[5] Lange Zeit waren die Funktionen der einzelnen Räume auch nicht so festgelegt, wie wir das aus heutigen Häusern gewohnt sind. Noch im 17. Jahrhundert gab es in den größeren adeligen oder bürgerlichen Häusern Zimmer, in denen von Schlafen bis Essen alles Mögliche stattfinden konnte. Das Schlafzimmer, wie wir es heute kennen, ist ein Kind des 18. Jahrhunderts, genauso wie die Idee, dass man seinen Besuch vorher ankündigen sollte, anstatt einfach so vorbeizukommen.[6] Mit der Entstehung der bürgerlich-kapitalistischen Gesellschaft entwickelt sich also das, was wir heute unter »normalem Wohnen« verstehen. Die entfernten Verwandten und das Gesinde verschwinden aus dem Haus. Es gibt jetzt eine Privatsphäre, die vor den Blicken der anderen geschützt werden muss. Die Kernfamilie zieht sich zurück hinter gemauerte Grenzen. Die Frauen, genauer gesagt: die Mütter, werden dort zunehmend isoliert, allerspätestens in den 1950er Jahren, gegen deren Moral- und Rollenvorstellungen die Kommune 2 anwohnt.

Lassen Sie uns einen kleinen Abstecher ins 19. Jahrhundert machen. Während der industriellen Revolution wurde das gemeinschaftliche Wohnen wiederentdeckt – als Reaktion auf die gewaltigen Umbrüche einer neuen Zeit. Manche Ideen waren viel zu extravagant, um jemals gebaut zu werden. Andere spielen heute noch eine Rolle, etwa wenn Gemeinschaften sich überlegen, wie sie Räume für alle schaffen können. Wenn gerade von der Entstehung der »normalen Wohnung« die Rede war, dann muss man dazu sagen: Getrennte Zimmer mit festgelegten

Funktionen und der Möglichkeit, sich zurückzuziehen, kurz: die Wohnung als Ort der Intimität, das war ein Luxus, den sich lange nur das Bürgertum leisten konnte. Friedrich Engels (1820–1895) beschreibt in seiner Aufsatzreihe »Zur Wohnungsfrage« eine Gesellschaft, die »nicht ohne Wohnungsnot bestehen kann [...]; in der Arbeiter massenhaft in den großen Städten zusammengedrängt werden, und zwar rascher, als unter den bestehenden Verhältnissen Wohnungen für sie entstehn, in der also für die infamsten Schweineställe sich immer Mieter finden müssen; in der endlich der Hausbesitzer, in seiner Eigenschaft als Kapitalist, nicht nur das Recht, sondern, vermöge der Konkurrenz, auch gewissermaßen die Pflicht hat, aus seinem Hauseigentum rücksichtslos die höchsten Mietpreise herauszuschlagen.«[7] Schon Jahrzehnte vor Engels beschäftigt das Thema den britischen Unternehmer Robert Owen (1771–1858). In seiner Baumwollfabrik im schottischen Dorf Lanark herrschten Bedingungen, von denen Arbeiter in anderen Fabriken nur träumen konnten. Zum Beispiel führte er kürzere Arbeitszeiten und eine Krankenversicherung ein. Und Owen wollte noch mehr: Er entwickelte die Idee einer gerechten Stadt namens New Harmony für ungefähr tausend Bewohner, inklusive vielfältigen gemeinschaftlichen Wohnräumen.[8] Gemeinschaftsküchen, Kindergärten, Sportplätze, Kraftwerke und Produktionsstätten, Brauereien, Mühlen – Owen stellte sich New Harmony als eine weitgehend autarke Gemeinschaft vor, in der sich die ungebildeten Arbeiter weiterbilden und moralisch vervollkommnen sollten. Ein Zeitgenosse spottete: »Er will die Welt wie ein Schachbrett in Quadrate aufteilen und in jedes eine Genossenschaft hineinsetzen, wo einer für den anderen arbeitet und eine große Dampfmaschine ihnen gemeinsam als Schneider und Strumpfwirker, als Küche und als Koch dient.«[9] Aber Owen ließ sich nicht beirren. 1825 kaufte er ein Stück Land in Indiana und etablierte dort eine Kommune, die als erstes nicht-religiöses Kollektiv gilt.[10]

Der größte Wohn-Visionär des 19. Jahrhunderts war aber ein Franzose: Charles Fourier (1772–1837), geboren als Sohn eines reichen Tuchhändlers, war ein Verfechter der freien Liebe und ein Feminist der ersten

Stunde: »[D]ie Zunahme der Privilegien der Frauen ist die allgemeine Grundlage allen sozialen Fortschritts«, schrieb der Frühsozialist.[11] Er träumte von einer Kommune als einer Art »Phalanx« (frz. *phalange*), die in einem gigantischen Wohnpalast namens »Phalanstère« in perfekter Harmonie leben sollte.[12] »In dreitausend Jahren haben wir nicht gelernt, gesund und angenehm zu wohnen«, wetterte Fourier. Das musste sich ebenso ändern wie die Abfolge von Unterdrückung, gewaltvollem Umsturz und neuer Unterdrückung, die er als Zeitzeuge der Französischen Revolution live und in blutiger Farbe miterlebt hatte. Die Menschen, so Fourier, würden von ihren Leidenschaften beherrscht. Anstatt in Anbetracht dessen zu resignieren, entwickelte er seine Theorie der zwölf Triebe: darunter sinnliche wie das Hören und das Riechen, affektive wie der »Geschlechts- und der Familientrieb« und solche, die zwischen diesen Impulsen vermitteln: der Drang zum Wettbewerb, die Lust an der Abwechslung und die Fähigkeit zur Begeisterung. Kompliziert? Es wird noch komplizierter: Ausgehend von den zwölf Trieben errechnete der von Zahlen besessene Fourier 810 unterschiedliche Temperamente. Und so kam er auch auf die ideale Bewohnerzahl für den gigantischen Bau namens Phalanstère, in dem die Glücklichen miteinander leben, arbeiten und lieben sollten. Genauer: Die 810 Bewohner stellten die kleinste Version der Mega-WG dar. Ein Phalanstère »à grande échelle«, im Großformat also, sollte 1.620 Menschen umfassen. Angesichts solcher Bewohnerzahlen erscheinen heutige Wohnprojekte geradezu winzig und dasselbe gilt mit Blick auf die baulichen Dimensionen: 1.200 Meter sollte ein ausgewachsenes Phalanstère lang sein, bestehend aus einem Zentralgebäude und zwei Seitenflügeln.

Die Idee der Familie als kleinste Einheit der Gesellschaft lehnte Fourier ab. Sie sollte Teil eines größeren Netzwerks werden. Deshalb sah Fourier auch keine klassischen Familienwohnungen vor. Wenn die Menschen erst einmal in einem Phalanstère lebten, würden sie »gewisse Gewohnheiten hassen, die ihnen heute gefallen, wie den ehelichen Hausstand, in dem die Kinder nur brüllen, alles zerbrechen, sich zanken und jede Arbeit verweigern.« Im kollektiven Wohnpalast würden die Kinder mehr oder weniger automatisch produktiv tätig werden und sich unter anderem über Landwirtschaft und Handwerk unterrichten, während ihre Eltern von morgens bis abends in diversen Gruppen am Wohl der Gemeinschaft arbeiten würden. Die Frauen sollten dieselbe Arbeit wie die Männer machen – wenn sie darauf Lust hätten. Die Aufteilung der Gesellschaft in Arm und Reich stellte der Frühsozialist Fourier nicht grundsätzlich infrage. Es ging ihm um Harmonie, nicht um Revolution. So sollte sich ein ärmerer Phalangist unter anderem in der Gruppe der Waldarbeiter und der Gruppe der Bewässerungsarbeiter betätigen, während ein Mitglied der Elite zum Beispiel in der Fasanenzuchtgruppe und der Gewächshausgruppe zum Einsatz kommen sollte. Ach ja: Fourier dachte auch darüber nach, wie man Meerwasser in Limonade verwandeln könnte. Viele schmähten ihn als Fantasten, Marx und Engels nahmen ihn in Schutz, lobten seinen scharfen Blick auf gesellschaftliche Missstände – und seinen Humor: »Der französische Unsinn ist wenigstens lustig, wo der deutsche Unsinn morose und tiefsinnig ist«, schrieb Engels. Wer wollte dem widersprechen?

Fouriers Vision, dass das gemeinsame Leben unter einem Dach neue kreative Kräfte freisetzen könne, beflügelt Wohnprojekte auch heute noch. Und die Pläne, die Fourier für ein offenes, den Austausch der Bewohner förderndes Haus entwickelte, erinnern an heutige Bauten für Gemeinschaften, zum Beispiel das Münchner Projekt San Riemo mit seinen Gemeinschaftsflächen, seinen Räumen für soziale Projekte und seiner Idee, dass Wohnungsgrundrisse flexibel sein sollten. Verschieden große Wohneinheiten sollte es im Phalanstère geben, Kommunikationszentren, Räume für pädagogische und kulturelle Aktivitäten und natürlich Werkstätten. Laubengänge sollten die Wohneinheiten miteinander verbinden. Diese sollten beheizt sein, um es den Menschen zu ermöglichen, sich zu jeder Jahreszeit zu begegnen. Apropos beheizt: Fourier starb mittellos 1837 in Paris, ohne dass sein Phalanstère je gebaut worden wäre. Aber ein erfolgreicher Heizungsfabrikant und Fourier-Fan setzte die Idee des Phalanstère zumindest teilweise um. Jean-Baptiste Godin (1817–1888) baute seinen zweitausend Arbeitern das »Familistère«. Die klassische Familie sollte sich darin nicht auflösen, sondern dank einer Vielzahl von Gemeinschaftseinrichtungen entlastet werden. »Die Wohnung«, schrieb der Fabrikant, »muss [...] vor allem die Menschen einander näher bringen und sie im Gedanken an das Interesse aller verbinden.«[13]

Charakteristisch für diese Phase des modernen gemeinschaftlichen Wohnens war: Es wurde von oben nach unten geplant und gebaut. Godin war ein paternalistischer Unternehmer – auf die Idee, seine Arbeiter zu fragen, wie sie sich das gemeinsame Wohnen vorstellten, wäre er nie gekommen.[14] Genauso wenig wie die Bauindustrie auf die Idee gekommen wäre, die Menschen zu fragen, welche Wohnungen sie sich eigentlich wünschten. »Die Wohnungen sind aneinandergereihte, normierte Zellen, die Bewohner bleiben darin meist anonym und isoliert«, heißt es in einem Buch vom Ende der 1970er. »Es gibt keine Anlässe zur Kommunikation mehr, sich selbst kreativ in der Gesellschaft darzustellen, ist nicht erwünscht, was bleibt, sind leere, verarmte Wohnghettos. Hier zeigt sich, dass in unserer Gesellschaft das Subjekt noch niemals ernst genommen wurde, sondern nur das Privateigentum.«[15] Als das Buch entstand, war das gemeinsame Wohnen zum Trend geworden. Partizipation war das neue Zauberwort.

An einem heißen Montag im Juli 2022 bin ich mit dem 9-Euro-Ticket unterwegs zu einem Mann, der Anfang der 1970er den sozialen Wohnungsbau revolutionieren wollte. Rolf Spille wohnt in Lübstorf in der Nähe von Schwerin. Früher hat er mal in einer WG in Hamburg gewohnt, mit Otto Waalkes und Udo Lindenberg. Ich steige aus der Regionalbahn, laufe vorbei an abgeernteten Feldern und Einfamilienhäusern. Auf einem Grundstück mäht ein kleiner Roboter den Rasen und eine Familie sucht per Aushang nach ihrer Wasserschildkröte, die vor ein paar Tagen spurlos verschwunden ist. Rolf Spille empfängt mich in seinem Büro, wo der 76-Jährige immer noch über Plänen für neue Häuser sitzt. Als junger Mann hat er in der Trabantenstadt Hamburg-Steilshoop ein Haus gebaut, das die Welt staunen ließ. Spille erinnert sich an den Besuch einer Delegation aus Japan, und US-amerikanische

Zeitungen berichteten über das »Haus für Kinder und Betrunkene«, wie der Architekt sein Projekt damals selbst nannte. Das bezog sich nicht auf die soziale Mischung, die Spille so wichtig war. Es ging darum, die Fassade des Hauses inmitten des Einheitsgraus der Hochhaussiedlung Steilshoop so zu gestalten, dass auch Kinder und Betrunkene sie sofort erkennen konnten, erklärt mir der Architekt und zündet sich seine erste Zigarette an.

»Wir wollen mehr Demokratie wagen!« – den Satz von Willy Brandt wollte Rolf Spille auf den sozialen Wohnungsbau übertragen, und weil er einen guten Draht zum Hamburger Bausenator hatte, wurde die Idee erstaunlich schnell Wirklichkeit. 200 Menschen lebten in dem Projekt. Sie konnten von Anfang an bei der Planung mitreden. Rolf Spille zündet sich die nächste Zigarette an und erzählt vom Beginn, damals war er Anfang dreißig, Steilshoop war sein erstes eigenes Projekt:

>»Wir haben 'ne große Veranstaltung gemacht. Da habe ich gesagt: Wer jetzt nicht weiter groß diskutieren will, sondern machen, der kommt jetzt einfach mit mir! Und die anderen können weiter diskutieren. 200 Leute waren das dann. Wir haben die verschiedensten Arbeitsgruppen gebildet. Ich hab' die Baustruktur zur Verfügung gestellt, und innerhalb dieser Struktur konnten die Leute dann ihre Wohnwelten gestalten.«

Einmal pro Woche trafen sie sich in ihren herkömmlichen Wohnungen und redeten darüber, wie sie sich das neue Haus vorstellten. In einem nächsten Schritt wurden Arbeitsgruppen gegründet, die gemeinsam Kinderspielplätze und Jugendarbeit, gelingende Nachbarschaft und Grundrisse planten. Eine Gruppe wollte unbedingt einen sehr breiten Gang für ihre Wohnung haben und setzte die Idee durch, gegen die Baubehörde und gegen den Rat des Architekten. »Wenn man das Recht auf Freiheit in der Planung hat, dann hat man auch das Recht, Fehler zu machen«, sagte Spille damals.

Die Kommune 2 hatte noch darauf hingewiesen, dass das revolutionäre gemeinschaftliche Wohnen ein Projekt der Mittelschicht sei. In Hamburg-Steilshoop, fünf Jahre nach dem Ende der Kommune, lebten alle zusammen: kinderreiche Familien mit Alleinerziehenden, Menschen mit und ohne Migrationsgeschichte, Akademiker mit Ex-Strafgefangenen. »Es gab riesige WGs und und kleine Wohneinheiten«, erinnert sich Rolf Spille und bläst Rauch zur Decke seines Büros. Die größte Wohneinheit war sagenhafte 400 Quadratmeter groß und bot Platz für sechs Familien. Auf dem Dach entstand eine riesige Terrasse für alle, die Gemeinschaft hatte sich gegen private Balkone entschieden. Der NDR kam und drehte einen Film über die soziale Utopie. In einer Szene schwärmen die Akademikerfamilien, dass sie jetzt nicht mehr sinnlos konsumieren müssten, um sich gut zu fühlen. In einer anderen Sequenz wird die Mutter der kinderreichsten Familie im Haus interviewt. Die Reporterin hat sie offensichtlich mit Bedacht genau zwischen zwei Zimmertüren platziert, hinter denen man ihre sieben Kinder spielen sieht. Frau Kollmorgen trägt einen weißen Haushaltskittel und hält ein Baby auf dem Arm. Die Reporterin stellt ihre Fragen im leicht unterkühlten Ton des öffentlich-rechtlichen Fernsehens der frühen Siebziger, Frau Kollmorgen antwortet ehrlich und spärlich.

»Frau Kollmorgen, wie haben Sie vorher gewohnt?«, fragt die Reporterin.

»Schlechter wie jetzt auf jeden Fall. Zweieinhalb-Zimmer-Wohnung, mit zehn Personen, ne?«

»Mit welchen Erwartungen sind Sie hier eingezogen?«

»Wir haben eigentlich gar keine Erwartungen gehabt, nur eben, dass wir 'ne größere Wohnung kriegen.«

»Und die Betreuung durch die Sozialarbeitsgruppe?«

»Kann man nich' viel sagen, ne? Die wollen ja nur helfen.«

In der nächsten Einstellung ist diese Sozialarbeitsgruppe zu sehen, die Nachhilfestunden gibt, eine verschuldete Familie berät und »Erleichterungen beim Einkauf« anbietet: Drei Männer und zwei Frauen zwischen Anfang und Mitte dreißig, rauchend auf einer Couch, ein Poster von Bertolt Brecht hängt an der Wand. »Gibt es Spannungen zwischen euch und den Familien, die ihr betreut?«, fragt die Reporterin. Ja, antwortet ein Mann im beigen Pullunder. Bei den gemeinsamen Supermarktbesuchen sei es zwar nicht richtig ausgesprochen worden, aber es sei klar geworden, dass die ärmeren Familien nicht wollten, dass man ihnen sagt, was sie kaufen sollen.

Nach knapp zehn Jahren zerfiel die Gemeinschaft. Die Wohnungen wurden zu herkömmlichen Sozialwohnungen zurückgebaut. Ist der Versuch also gescheitert? »Nein«, sagt Rolf Spille in seinem Büro in Lübstorf. »Das war das Ergebnis, das war die Erkenntnis.« Was meint er damit? »Die Projekte müssen von der Lage her stimmen«, sagt der Architekt. Eine innenstadtnahe Gemeinschaft hätte länger Bestand gehabt als das Haus im isolierten Steilshoop. Außerdem, meint er, dürften die Projekte nicht zu groß sein. Vielleicht 30, 40 Leute, sagt er hinter dem Nebel seiner Zigarette. 200 seien einfach zu viel.

Und heute? Das gemeinschaftliche Wohnen ist nicht mehr das ideologisch überhöhte Projekt, das es in den späten 1960ern und frühen 70ern war, ganz zu schweigen von den Träumen des Charles Fourier. Das heißt aber nicht, dass die Erwartungen nicht weiterhin groß sind. Wohnprojekte sollen heute Motoren einer sozialen Stadtentwicklung sein, während die Mieten steigen und die Einkommensungleichheit wächst. Das Dorf Hitzacker mit seinen Versuchen, ein eigenes Sozialsystem aufzubauen, ist fast schon eine Gemeinde für sich. Aber Projekte in Großstädten wie das San Riemo in München oder das umBAU² in Mannheim, die wir in den nächsten Kapitel besuchen, werden inzwischen fest eingeplant, wenn es um die Entwicklung neuer Quartiere geht. Ich treffe Ulrike Pelz von »Stattbau Hamburg«, dem offiziellen Beratungsangebot der Hansestadt für Baugemeinschaften und junge Genossenschaften.[16] Seit fünf Jahren begleitet sie Gruppen, die sich ein neues, solidarisches Zuhause bauen wollen. Die Stadt will 20 Prozent ihrer kostbaren Grundstücke für Wohnprojekte freihalten, sagt Pelz. Und die Nachfrage sei enorm. Im jahrzehntelang vernachlässigten Wilhelmsburg wird gerade ein neues Wohnviertel entwickelt. 600 Wohneinheiten für Gemeinschaften wurden in einem ersten Schritt ausgeschrieben.

Es gab doppelt so viele Bewerbungen. Einen Moment lang befällt mich Torschlusspanik: Wenn die letzten innenstadtnahen Gebiete gerade verplant werden – müsste ich mich dann nicht jetzt, sofort, einem Projekt anschließen? Aber zurück zu Ulrike Pelz: Junge Baugenossenschaften und Projekte, die zum Mietshäusersyndikat gehören, seien bevorzugt berücksichtigt worden, haben also Vorrang vor denjenigen Gruppen, die sich selbst Eigentumswohnungen bauen wollen.[17] Was die Bauherrinnen und Bauherren im Detail planen, ist ihnen überlassen. Allerdings entscheidet eine Jury über die vorgelegten Konzepte. Die Erwartung, dass alternatives Wohnen ein neues Stadtviertel inklusiver macht, finden nicht alle toll. Je weiter der Staat und die Kommunen sich aus vielen sozialen Aufgaben zurückziehen, desto lauter werden privates Engagement und solidarische Gemeinschaften beschworen, schreiben etwa die Soziologinnen Silke van Dyk und Tine Haubner in ihrem Buch *Community-Kapitalismus*.[18] Diese Kritik kann Ulrike Pelz nachvollziehen. Ein Beispiel: die Gemeinschaftsräume, die zu fast jedem Wohnprojekt dazugehören. »Da ist die Auflage schon, dass dieser Raum dem gesamten Quartier zugänglich gemacht wird und für verschiedene Nutzungen zur Verfügung steht. Das finde ich erst einmal gut. So entsteht Vernetzung, Kooperation, Nachbarschaft. Aber es ist eben auch eine Auflage! Und die rührt sicherlich nicht nur aus dem Vernetzungsgedanken, sondern auch daraus, dass es solche Räume im Quartier sonst nicht gibt, weil die Stadt so etwas nicht zur Verfügung stellt.« Oder die Kinderbetreuung in Mehrgenerationenprojekten: Natürlich sei es schön, wenn da die Älteren mit den Kids spielen, während die Eltern arbeiten. »Das kann man dann aber auch, theoretisch, bei jedem Kitastreik und jedem Coronalockdown anwenden. Dann steht nicht der Staat zur Verfügung, damit die Kinder während einer Pandemie betreut sind, sondern das macht man dann halt im Projekt.«

Gleichzeitig, betont sie, bekämen die Projekte ja auch etwas für ihren Einsatz: subventionierte Mieten und bezahlbare Grundstücke. Wer von diesem Tausch mehr profitiert, die Kommunen, die einen Teil ihrer Aufgaben stillschweigend den Wohnprojekten überlassen, oder die Gruppen, die sich über günstige Mieten und sichere Wohnungen freuen können, lässt sich natürlich nicht genau sagen. Es hängt unter anderem davon ab, wie sehr eine Gemeinschaft sich in ihrem Viertel engagiert. Und wo die Mitglieder dieser Gemeinschaft die Grenze ziehen zwischen der Sorge für sich selbst und dem Druck, den großen Erwartungen zu genügen.

3

Wie man ein Haus kauft

Doch, der Druck ist noch da, erzählt Annette Schrimpf. Auch jetzt, nachdem das Haus gekauft ist. »Wenn das schiefgeht, kann ich mich nicht mehr auf der Straße blicken lassen. Ich hab' ja schließlich die ganzen Leute angequatscht.« Angequatscht, damit sie ihr Geld geben. In ihrer rechten Augenbraue glänzt ein winziges Piercing. Ihr Haar, dunkel mit leichten Spuren von Grau, hat sie über der Stirn zu einer Tolle hochgegelt. An der Eingangstür ihres Ladens klebt eine diskrete kleine Regenbogenflagge. Alle kennen sie hier, in Mannheim-Neckarstadt: Sie ist eine von zwei Buchbinderinnen, die der Stadt geblieben sind, und eine der wenigen in Deutschland, die diesen Beruf noch ausüben. »Während Corona sind viele Kunden zum papierlosen Büro übergegangen«, sagt sie. »Und die junge Generation wischt lieber, als dass sie blättert. Es werden noch viele von uns ihre Werkstatt dichtmachen müssen.« Sie schlägt mit einem alten Holzhammer auf den Rücken eines frisch gebundenen Buches. Das Buch runden, so nennt man das, erklärt sie mir, während sie mit kleinen, konzentrierten Bewegungen den Hammer auf den Rücken des Bandes sausen lässt. Hinter ihr stapeln sich Rollen von buntem Papier, aus dem sie die Einbände für Bücher und Fotoalben macht. Oft färbt sie das Papier auch selbst. Neben ihr steht eine Pappschere, ein massives Gerät, mit dem sie Papier und Pappe zuschneidet. Sechs Männer mussten ihr helfen, als der Koloss aus der Werkstatt im Hinterzimmer nach vorn in den Laden umziehen sollte, wo er jetzt thront wie einer der gußeisernen Löwen auf dem Trafalgar Square. Ihr

Vater hat bereits an diesem Gerät gearbeitet, und vor ihm ihr Großvater und ihr Urgroßvater. Seit mehr als 100 Jahren gibt es die Buchbinderei Schrimpf an der Waldhofstraße 8 in Mannheim-Neckarstadt. Annette ist in dem Haus groß geworden. Vier Stockwerke, acht Wohnungen, eine massive Gründerzeitfassade aus ockerfarbenem Sandstein, ein baumbestandener Innenhof, ein ganzes Leben. Als Kinder haben sie im Innenhof Tischtennis gespielt, es gab Grillabende und Kartenspiele.

»Ich habe dieses Haus immer mit einer schönen Hausgemeinschaft darin erlebt. Dafür lohnt es sich zu kämpfen. Wenn ich mir das Nachbarhaus anschaue, wo alle naselang jemand auszieht und neu einzieht, wo die Leute sich überhaupt nicht mehr kennen – das tut einem Haus nicht gut. Es ist wichtig, dass die Leute sich mit dem Haus, in dem sie wohnen, identifizieren.«

Als die Immobilie »Waldhofstraße 8« vor ein paar Jahren zum Verkauf stand, hat Annette es zusammen mit der Hausgemeinschaft kurz entschlossen gekauft. Für 2,1 Millionen Euro. »Wir haben ihnen so eine Art Spielzeug weggenommen«, sagt sie und meint die Investoren, die den Altbau gerne übernommen hätten. Um das zu verhindern, hat sie Direktkredite eingesammelt. Fast eine halbe Million Euro kam in kurzer Zeit zusammen, von Menschen, die ein Zeichen gegen Gentrifizierung setzen und zum Überleben der Buchbinderei Schrimpf beitragen wollten. Einer, der selbst nur wenig Geld hat, machte 500 Euro locker, erzählt Annette. Und eine, die gerade geerbt hatte, hat 40.000 Euro gegeben. Diesen Menschen, sagt Annette, könnte sie nicht mehr in die Augen schauen, wenn das »Viertel 8«, so hat sich das Projekt genannt, scheitern sollte. Sie sind die erste Gemeinschaft in Mannheim, die das Haus, in dem sie klassisch zur Miete wohnte, gekauft hat.

Aber Moment: Mannheim-Neckarstadt? Wer nicht gerade in Mannheim oder in der Region wohnt, hat von dem Viertel wahrscheinlich noch nie gehört. Anders als die Millionenmetropolen Berlin, Hamburg und München wird die 300.000-Einwohner-Stadt in Baden-Württemberg selten genannt, wenn es um Mietsteigerung und Verdrängung geht. Aber es passiert auch hier. Unter die Menschen, die oft schon seit Generationen hier wohnen, mischen sich neue Gesichter. In der Nähe der Buchbinderei Schrimpf ist ein Jogger unterwegs. Schön, jung, konzentrierter Blick. LIDL steht auf seinem T-Shirt und man kann davon ausgehen, dass das ironisch gemeint ist. Der Jogger sieht nicht so aus, als müsste er seine Kleider beim Discounter kaufen. Er läuft vorbei am Restaurant »Stadt Thessaloniki« mit »Spezialitäten vom Grill«, und vorbei an einem vietnamesischen Restaurant mit großer vegetarischer Auswahl und Gästen, die deutlich stylisher gekleidet sind als die Gäste bei der griechischen Konkurrenz. Ein paar Straßen weiter liegt ein Mann im Eingang eines Poké-Bowl-Lokals. Wo Ernährungsbewusste sich mit Gemüse und rohem Fisch auf Reis stärken, schläft er seinen Rausch aus. Die Mittagssonne scheint herab auf die prächtigen Sandsteinfassaden der Neckarstadt. Die Zeichen stehen auf Aufwertung. Nirgendwo sonst in Mannheim gibt es eine so hohe Dichte an Altbauten und dazu diese Mischung aus Ärmlichkeit und Verheißung, wie man sie auch aus Berlin-Kreuzberg oder Hamburg-Ottensen kennt – beziehungsweise kannte. Diese Mischung, die in der Immobilienwerbung dann gerne mit einem Begriff benannt wird: *Szeneviertel*.

Die Neckarstadt war lange ein vergessenes Gebiet, wo man die Menschen sich selbst überließ. Auch darin ähnelt sie Stadtteilen in Metropolen, die mit Verdrängung zu kämpfen haben. Annette erinnert sich an verfallene Altbauten, an hoffnungslos überbelegte Wohnungen, an Hauseingänge voller Müll. 2018 erklärte die Stadt das Viertel zum Sanierungsgebiet. Klar, meint die Buchbinderin, irgendetwas musste ja auch getan werden für diesen Stadtteil. Aber kurz danach habe es begonnen. Frankfurter Investoren, die in der Mainmetropole einfach nichts mehr zum Kaufen gefunden hätten, so Annette, entdeckten das pittoreske Mannheim-Neckarstadt. »Und denen sind die gewachsenen Strukturen in einer Stadt halt völlig egal. Denen geht es nur um die Rendite. Leute aus der Nachbarschaft erzählten mir, dass ihr Haus verkauft wurde. Und dass sie dann rausmussten oder ihre Miete krass raufgesetzt wurde.« Eine beliebte Kneipe musste dichtmachen und das Haus sei dann »äußerst unschön« saniert worden, sprich: so langsam und nervenzehrend, dass die Mieterinnen und Mieter »mehr oder weniger freiwillig gegangen« seien. Auch das Haus an der Waldhofstraße 8 war von einer Frankfurter Investorin gekauft worden. 2009 war das. Zehn Jahre später, im April 2019, bekamen die Bewohnerinnen Post: Die Besitzerin wollte das Haus weiterverkaufen. Was die Nachricht bei ihr ausgelöst hat, frage ich Annette. »Panik. Meinen Laden hätte ich dichtmachen können.« Sie selbst wohnte zu dem Zeitpunkt gar nicht mehr im Haus. Sie, die gerne halbe Nächte lang in ihrer Werkstatt steht, brauchte irgendwann mehr Abstand zwischen den eigenen vier Wänden und ihrem Arbeitsplatz. Aber ihre Eltern, die wohnten ja noch da. Und um die hatte Annette noch mehr Angst als um die Buchbinderei.

Annettes Mutter Solveig hat schon mal erlebt, wie das ist, wenn man sein Zuhause verliert. Im Flur hängt die Zeichnung einer Mühle. In der haben sie gewohnt, als Mannheim bombardiert wurde, erklärt sie. Solveig und Rudolf Schrimpf wohnen drei Stockwerke über der Buchbinderei. Rudolf ist zwei Häuser weiter zur Welt gekommen und hat im Erdgeschoss, wo seine Tochter heute arbeitet, bei seinem Vater eine Lehre als Buchbinder gemacht. Solveig kannte das Haus schon, als sie Lehrmädchen in der Drogerie ihres Vaters war und einer Kundin, die hier wohnte, Bestellungen an die Wohnungstür brachte. 1970 sind die Schrimpfs dann hier eingezogen, Annette war zwei Jahre alt. 265 Mark Miete zahlten sie damals für 119 Quadratmeter. Ich soll mal zur Decke schauen, sagt Schrimpf senior zu mir. Den nach Jahrzehnten von dicken Farbschichten bedeckten Stuck, konzentrische Quadrate, hat er nach Feierabend wieder freigekratzt, eine Stunde pro Quadrat hat er gebraucht. Die Ledersessel im Wohnzimmer haben die Schrimpfs 1975 gekauft, als in Mannheim die deutsche Gartenschau stattfand. Die meterlange dunkle Schrankwand weigert sich, in irgendeine andere Wohnung verfrachtet zu werden. Rudolf, den alle hier im Haus »Rudi« nennen, erinnert sich an die unzähligen Hoffeste, an Grillen und Skatspielen, alles spontan, sagt er, nicht so geplant wie heute, wo die Hausgemeinschaft sich regelmäßig zu Sitzungen treffen muss, um über Miethöhen zu diskutieren oder den Gemeinschaftsraum, der im Moment noch ein alter dunkler Schuppen im Hinterhof des Hauses ist und endlich, endlich mal ausgebaut werden muss. Anstrengend, all diese Debatten. Aber natürlich sind Annettes Eltern dankbar, dass sie jetzt bleiben können. Ihre Tochter sei die Erste gewesen, die merkte, dass das Viertel sich veränderte. Sie selbst hätten sich eine Weile noch in Sicherheit gewiegt. »Wir haben halt gedacht, wir leben schon so lange hier«, sagt Rudolf Schrimpf. »Wir sagten uns: Wir haben so ein langes Wohnrecht, uns kann eigentlich gar nichts passieren. Wie sich das dann aber so entwickelt hat, wie plötzlich die Kaufsummen für die Häuser so enorm gestiegen sind – da war natürlich klar, dass wir auch 'ne hohe Miete zahlen müssen, wenn das Haus verkauft wird.« Die damalige Besitzerin, erinnert sich die Mutter, habe das Haus für weniger als eine Million gekauft. Und es dann für mehr als das Doppelte verkaufen wollen. »Da fallen einem schon die Schuppen von den Augen. Und wir haben Angst bekommen: Wo sollen wir überhaupt hin? Sollen wir gleich in ein Altersheim gehen oder …« Sie bringt den Satz nicht zu Ende. Dafür spricht ihr Mann weiter: »Ich bin jetzt dieses Jahr 85. Wer gibt so alten Leuten wie uns noch 'ne Wohnung?« Und wo sollte die Buchbinderei hin? Die, sagt Vater Schrimpf, sei doch schließlich »Familie«, oder – wie er es im Mannheimer Zungenschlag sagt: – »Famillje«.

Wer im Haus dann die Idee mit dem Kauf hatte, ist nicht ganz klar. Die Eltern Schrimpf sagen, ihre Tochter habe zum ersten Mal davon gesprochen. Annette sagt, eine Nachbarin, die inzwischen schon ausgezogen ist, habe damit angefangen. Sie, Annette, die sich schon lange politisch in der Nachbarschaft engagiert, hat erst einmal überall rumgefragt, was sie überhaupt tun könnten gegen die drohende Vertreibung aus ihrem Haus. Der Altbau von 1912 war mehr als zehn Jahre lang still und leise verfallen, weil sich die letzten Besitzer nicht um ihn gekümmert hatten. Ein Experte sagte Annette, wer auch immer das Haus kaufen würde, müsste es sanieren, was unweigerlich massive Mietsteigerungen zur Folge hätte. Das Haus zu kaufen, war die einzige

Chance, darin wohnen zu bleiben. Nur elf Monate lagen zwischen der Nachricht, dass das Haus verkauft wird, und dem Tag, an dem die alte Mieterschaft es kaufte. Es war ein Rennen mit sehr ungleichen Startpositionen. Dort eine Gruppe von Investoren, monatelang hätten sich die Interessenten die Klinke in die Hand gegeben, erinnert sich Rudolf Schrimpf. Hier eine Hausgemeinschaft ohne Eigenkapital. »Annette«, sagt die Mutter, »war die treibende Kraft, ohne sie wäre es nicht gegangen. Es war unglaublich, was die Frau geleistet hat, unglaublich!« Der Vater begann, wieder in der Buchbinderei zu arbeiten, um der Tochter den Rücken freizuhalten, während Annette alles dafür tat, um das Haus ihrer Kindheit zu retten. Fast ein Jahr lang kämpfte sie an mehreren Fronten gleichzeitig. Sie musste die Nachbarn davon überzeugen, dass das mit dem Kauf keine vollkommen wahnsinnige Idee war. Sie musste alle ihre Kontakte in Mannheim und anderswo aktivieren, um an Geld zu kommen. Und um das herzustellen, was bei einem Plan wie ihrem das A und O ist: Öffentlichkeit. Die Besitzerin sei bis kurz vor Schluss »vollkommen unwillig« gewesen, das Haus an die Hausgemeinschaft zu verkaufen. Annette erinnert sich noch an diesen einen Satz, den sie ganz zu Beginn ihrer Verhandlungen zu hören bekam: »Warum interessiert Sie das eigentlich? Sie sind doch nur eine einfache Mieterin.«

Annette Schrimpf ist eine ruhige Frau. Als ich ihr zum ersten Mal begegne, am Eingang ihres geliebten Geschäfts, das zugleich ihre Werkstatt ist, ist sie erstmal zurückhaltend, vorsichtig, und unser Gespräch geht tastend voran. Als ich dann allerdings sehe, mit welcher Präzision sie arbeitet, kann ich mir vorstellen, dass sie mit derselben Energie und Genauigkeit den Kauf dieses Hauses vorangetrieben hat. Und das unter enormem Druck. Denn die Besitzerin des Hauses verhandelte gleichzeitig noch mit einem Investor.

»Wir wussten nie, wie weit der andere ist und ob wir morgen vielleicht schon aus dem Rennen sind. An einem Tag sagte die Besitzerin, dass sie an uns verkauft, am nächsten Tag schickte sie den nächsten Makler mit einem neuen Kaufinteressenten vorbei. Da wollte sie uns einfach ihre

Macht demonstrieren. Es war ein furchtbarer Stress. Und es ging permanent, Schlag auf Schlag.«

Von Anfang an war klar: Aus eigenen Mitteln konnte die Hausgemeinschaft das Haus nicht kaufen. Die GLS-Bank, die sich schließlich am Kauf beteiligte, wollte den Kredit erst zusagen, wenn klar war, dass die Hausgemeinschaft auch den Eigenanteil stemmen kann. Annette bat alle, die sie kannte, um finanzielle Unterstützung. Sie erinnert sich lachend an einen Weihnachtsbasar, auf dem sie nichts anderes gemacht habe, als Kredite zu unterschreiben. 420.000 Euro an Direktkrediten hat sie eingeworben, hauptsächlich bei Freundinnen und Freunden. Ein Fünftel des finalen Kaufpreises. Ungefähr 60 Menschen haben ihr einen Teil ihres Geldes anvertraut. Ich komme ins Überlegen: Wie wäre das, wenn mein (oder »mein«) Haus in Hamburg-Altona zum Verkauf stünde und ich befürchten müsste, dass meine Miete durch die Decke geht? Könnte ich meine Whatsapp-Hausgruppe, die es, Stand Sommer 2022, noch nie geschafft hat, sich auf ein Bier zu treffen, dazu überreden, den Kasten zu kaufen? Und wie würden wir dann das Geld dafür einsammeln? Ich müsste tatsächlich zu meinen Freundinnen und Freunden gehen und sie dazu bewegen, mir ein paar Hundert, oder auch gerne ein paar Tausend Euro anzuvertrauen für einen guten Zweck. Würden meine Eltern mir Geld geben? Oder mich für verrückt erklären? Ich kann mir das mit dem Kreditesammeln, ehrlich gesagt, überhaupt nicht vorstellen. Annette schüttelt den Kopf: »Du würdest dich wundern, wer da plötzlich auftaucht und dich unterstützen will. Und wer plötzlich Geld hat, das er in so einem Projekt anlegen will.« Und bereit ist, im Falle des Scheiterns erst einmal auf sein Geld zu verzichten. Was Annette im engeren und weiteren Bekanntenkreis eingesammelt hat, sind sogenannte Nachrangdarlehen. Das heißt, dass die Banken ihr Geld vorrangig zurückerhalten, falls das Projekt »Viertel 8« zusammenbricht. Das ist zwar nicht sehr wahrscheinlich, sagt Annette. Aber ein gewisses Restrisiko bleibt für all die Menschen, die sie unterstützt haben. Manche der Beteiligten haben selbst nicht gerade viel. Andere, wie eine gute Freundin von Annette, hatten geerbt und fragten sich, was sie mit dem Geld anfangen sollten. Auf die Bank bringen und »für sich arbeiten lassen«, wie es ihr ein Anlageberater empfohlen hatte? »Geld arbeitet nicht!«, sagt die Erbin mir am Telefon, »und fressen kann ich es auch nicht, also was soll's?« Sie selbst lebt in einem »Reihenhäusle«, wie sie es nennt, das sie vor ein paar Jahren gekauft hat. Sie ist sich nicht sicher, ob sie es sich heute noch leisten könnte. 40.000 Euro hat sie gegeben, um die Hausgemeinschaft an der Waldhofstraße beim Kauf zu unterstützen.

Aber noch war offen, welche Rechtsform das alte, neue Zuhause an der Waldhofstraße haben sollte. Eine Stiftung? Eine Genossenschaft? Das Mietshäusersyndikat? Ursprünglich hatte man daran gedacht, diesem Zusammenschluss von selbstverwalteten Häusern beizutreten. Aber das, berichtet Annette, sei der Besitzerin »zu links« gewesen.[1] Dann wäre sie aus den Verhandlungen ausgestiegen. Wie es dann nach elf Monaten Stress zum Kaufvertrag kam? Annette sagt, es war eine Mischung aus öffentlichem Druck und einem Verhandlungspartner, den die Besitzerin als irgendwie seriös und ebenbürtig betrachtete. Das war die »Stiftung trias«, die in ganz Deutschland Grundstücke kauft oder geschenkt bekommt und in Erbpacht vergibt, um neue, gemeinwohlorientierte Wohnformen zu unterstützen.[2] Eine Freundin von Annette hatte auf einer Messe die Stiftung entdeckt, so kam der Kontakt zustande. Jörn Luft vom Vorstand übernahm die Verhandlungen mit der kapriziösen Besitzerin:

»Wir bewerben immer erstmal den Gedanken, dass eine Gruppe einen sozialen Ort schaffen will. Und dass die Preise, die gerade am Markt gehandelt werden, unsozial sind«, sagt er. »Das sind natürlich schwache Argumente. Es braucht schon einen gewissen Typ von Verkäufer, der oder die dann sagt: ›Okay, es muss nicht unbedingt der Maximalpreis sein.‹« Aber die Vermieterin war doch überhaupt nicht dieser »gewisse Typ«, oder? Sie habe letztlich verkauft aus Angst, öffentlich am Pranger zu stehen, vermutet Annette. Denn dann wären vielleicht auch die Menschen in anderen Häusern, die der Geschäftsfrau gehörten, auf die Idee gekommen, es wie Annette zu machen. Der öffentliche Druck entstand, weil sich unter anderem der Referent des Oberbürgermeisters bei der Besitzerin meldete und sich für die Hausgemeinschaft einsetzte. Da hat sie offenbar verstanden, dass sie es nicht mit einer normalen Mieterschaft zu tun hat.

Im März 2020 war es soweit: Die trias kaufte das Grundstück, das nun für die nächsten 99 Jahre davor geschützt ist, zum Spekulationsobjekt zu werden. Und die Gemeinschaft kaufte das alte, sanierungsbedürftige Haus. Zuvor hatten sie einen Verein gegründet und eine GmbH. Eine der Vertreterinnen der GmbH, die zum Notar ging, war Annettes Mutter. »Die hätte sich ja auch nie träumen lassen, dass sie mit 75 nochmal Geschäftsführerin werden würde!«, sagt Annette und lacht. Aber es habe halt »einen kleinen personellen Engpass« gegeben in der GmbH. Im Viertel 8 ist es nicht anders als in allen anderen Wohnprojekten: Jeder muss sich einbringen. Und manche finden sich plötzlich in völlig neuen Rollen wieder. Gemeinschaftlich wohnen, das ist auch immer eine Entdeckungsreise zu sich selbst. Wie sie ihren Sieg gefeiert haben, nach Monaten des Kämpfens, Verhandelns und Zitterns? »Gar nicht«, sagt Annette trocken. »Da kam ja Corona.« Ja, stimmt, meint sie dann, sie müssten die große Feier mal nachholen. Irgendwo zwischen Pandemie und Selbstverwaltung scheint gerade einiges unterzugehen, was die Hausgemeinschaft früher ausgemacht hat. Das heißt aber nicht, dass bei ihnen keine Feste mehr stattfinden. Das Projekt öffnet sich der Nachbarschaft. Neulich gab es im Hinterhof ein Jazzkonzert, zu dem alle, die Lust hatten, ihr Instrument mitbringen konnten. Die meist so zurückhaltende Annette gerät ins Schwärmen, wenn sie sich daran erinnert. Und eine Fotoausstellung zum Thema Gentrifizierung hat im Viertel 8 auch schon stattgefunden.

Was genau meinte Annette, als sie am Anfang des Kapitels sagte, dass das Ganze hier auch schiefgehen könnte und sie sich dann nicht mehr auf der Straße blicken lassen könnte? »Corona, zum Beispiel, ist schon so 'ne Sache,« sagt die Buchbinderin. »Also, wenn da ganz viele Leute ihren Job verloren hätten und die Miete nicht mehr hätten zahlen können – dann wäre unser Projekt ganz schnell ins Wanken geraten.«

Danach sieht es im Moment nicht aus. (Wobei die große Frage ist, wie sich die deutsche Wirtschaft in den nächsten Jahren entwickelt. Angesichts steigender Preise geraten viele hoffnungsvolle Wohnprojekte gerade ins Schlingern.) Eine GmbH ist die Hausgemeinschaft jetzt, was unter anderem bedeutet, dass nicht jeder Einzelne im Haus der GLS-Bank Geld schuldet, sondern eben die GmbH. Der Begriff klingt in diesem Zusammenhang erst einmal seltsam, oder? Immerhin ging es in diesem ganzen Kapitel um den Kampf gegen Gentrifzierung, um die Selbstbehauptung kleiner Läden – und dann kommt am Schluss eine Gesellschaft mit beschränkter Haftung dabei heraus? Das sei nun mal die Gesellschaftsform, die der deutsche Gesetzgeber besonders hofiere, sagt Jens Rinne, Finanzexperte bei Viertel 8. Er hat schon in Mietshaus-syndikat-Projekten gelebt und erzählt, dass die Menschen dort auch oft nicht verstünden, warum sie jetzt eine GmbH sein müssten. »Es funktioniert halt,« sagt Jens.

Klar ist: Genau wie im Dorf Hitzacker beschäftigt das Thema Geld die Gemeinschaft weiter, vielleicht sogar noch mehr als zuvor, als jeder einfach seine monatliche Miete überwies. In der WG zum Beispiel steht demnächst ein Zimmer leer und noch hat sich niemand gefunden, der sich auf das Abenteuer Wohnprojekt einlassen will, Szeneviertel hin oder her. »Viele waren abgeschreckt von den Organisationsplänen, von den regelmäßigen Aufgaben«, erzählt die Medizinstudentin Lea. »Gerade wenn das Leute sind, die neu in die Stadt ziehen und nicht wissen, wie viel da bei ihrer neuen Arbeit auf sie zukommt.« Für Lea und ihre Mitbewohnerinnen bedeutet das: Wenn sich nicht schnell jemand findet, bleiben sie erst einmal auf der Miete sitzen. Zwar gibt es ein sogenanntes »Mietausfallwagnis«. Das heißt, dass die Hausgemeinschaft Rücklagen gebildet hat für den Fall, dass jemand seine Miete mal nicht zahlen kann. Aber das gilt eigentlich nur, wenn eine ganze Wohnung leer steht und nicht nur ein einzelnes Zimmer in einer WG. Lea selbst kann nicht sagen, ob sie auf Dauer im Haus bleiben wird. Sie promoviert gerade und weiß nicht, wo sie ihr Weg danach hinführen wird. Die Zeiten, in denen Rudolf Schrimpf noch regelmäßig Jubiläumsbände für

Menschen herstellte, die ihr Leben lang in ein und demselben Unternehmen arbeiteten, sind lange vorbei. Aber eigentlich braucht Viertel 8 Menschen, die sich langfristig an die Gemeinschaft binden und Verantwortung übernehmen wollen. Was natürlich auch anstrengend werden kann.

»Diese endlosen Diskussionen!«, sagt Rudolf Schrimpf. Und dann wegen Corona auch noch oft vor dem Rechner, den Annette jedes Mal extra in die Wohnung ihrer Eltern bringt, denn: »Wir haben kein Internet«, sagt Solveig Schrimpf. Annettes Eltern streiten ein bisschen darüber, ob Solveig eigentlich an den Online-Sitzungen teilnimmt oder nicht. Na gut, sagt Annettes Mutter schließlich, wenn etwas zum zwanzigsten Mal diskutiert wird, dann steht sie schon mal auf, um sich was zu trinken zu holen. Neulich hat Rudolf einen Eimer Farbe und Spachtelmasse gekauft, um im Treppenhaus die Spuren diverser Ein- und Auszüge zu beseitigen. »Die Leut' passen nicht auf!«, ruft er. Nach seiner spontanen Streichaktion habe es eine Diskussion gegeben, sagt seine Frau. »Weil er für sich alleine entschieden hat, das zu machen. Und da hätte es vorher eine Entscheidung der Hausgemeinschaft geben müssen.« »Da hätten wir wieder sechs Wochen diskutiert!«, sagt ihr Mann. Oder die Sache mit den Klingelschildern. Rudolf Schrimpf hatte einheitliche Schilder für alle im Haus gemacht, mit viel Sorgfalt und Liebe, Buchbinder eben. Als eine WG im Haus dann ihr eigenes, buntes Klingelschild malte, gab es einen mittleren Eklat. Die anderen Projekte in diesem Buch haben sich zusammengetan und ihre künftigen Nachbarinnen ausgesucht. Im Viertel 8 dagegen prallen alte und neue Vorstellungen von Hausgemeinschaft aufeinander.

Gegenüber der Wohnung von Annettes Eltern sitzt Tine mit ihren Zwillingen Elin und Nika auf dem Sofa und denkt an ein Einfamilienhaus in der Pfalz. Eigentlich wollten sie und ihr Mann mindestens so lange bleiben, bis Henri, ihr drittes Kind, in der Schule ist. Fünf Jahre, das war der Plan. Aber jetzt steht der Auszug kurz bevor. Als sie gerade beim Renovieren war, erfuhr sie, dass sie Zwillinge bekommt. Und für fünf Menschen sei die Wohnung einfach zu klein, sagt Tine. Also kehren sie jetzt zurück in ganz klassische Wohnverhältnisse. Tines Mann hat das Haus seiner Oma in der Pfalz geerbt, da ziehen sie demnächst ein. »Eigentlich«, sagt Tine, »ist das ja nie mein Ziel gewesen: Ein Einfamilienhaus mit Garten, und dann muss man sich auch noch um alles alleine kümmern! Aber man hat halt wenig andere Optionen, wenn man zu fünft ist.« Unbezahlbar seien die Wohnungen für Familien in Mannheim. Und außerdem wohnen Tines Schwiegereltern in der Nähe des neuen Hauses. Das, sagt sie, habe auch Vorteile. Zurzeit geht Henri noch zu den Schrimpfs spielen, schaut der Modelleisenbahn von Rudi nach, wenn sie durch die Tunnel rauscht. Aber das Verhältnis zu den Schrimpfs ist nicht immer nur entspannt. Tine erzählt:

»Ich erinnere mich an den Anfang, als es hieß: ›So, das ist unsere Hausordnung!‹ Und ich hab gesagt: ›Was, 'ne Hausordnung? Können wir erstmal drüber sprechen, ob wir überhaupt eine Hausordnung wollen?‹ Und die Mehrheit sagte: ›Nein, wir möchten das nicht, wir schaffen das ab.‹ Es war wirklich streng! Da stand drin: Die Kinder sollen bitte nur *dann* im Hof spielen. Und die Fahrräder bitte nur genau *da* abstellen! Da sind Welten aufeinandergeprallt. Aber wir haben die Hausordnung abgeschafft, und es läuft auch ohne. Also, meiner Meinung nach. Ich weiß nicht, wie andere das sehen.«

Rudolf Schrimpf zumindest wundert sich schon, dass es plötzlich so viele Fahrräder im Hof gibt. Früher seien es nur zehn gewesen. Und heute hätten manche Familienmitglieder gleich zwei. Und dann die Lastenfahrräder! Das größte Konfliktfeld aber sind die Mieten. Die Schrimpfs zahlen mit Nebenkosten 860 Euro für 119 Quadratmeter. Die Bewohner darüber und die darunter um die tausend, für kleinere Wohnungen. »Manche«, sagt Frau Schrimpf, »meinen, sie müssen jetzt ihre Kommentare abgeben, wieso wir hier in 'ner Vierzimmerwohnung wohnen. Aber wir haben deutlich gesagt, und Annette hat das auch gesagt: ›Das ist kein Diskussionspunkt!‹.« Zwischendurch, sagt Rudolf Schrimpf, hätten sie sich ja mal gefragt, ob sie nicht in eine kleinere

Wohnung ein Stockwerk tiefer ziehen sollten. »Du hattest die Idee, ich nicht!«, ruft Frau Schrimpf und lacht. Und letztlich wurde dann nichts daraus. Als die Coronapandemie ausbrach, hätten sie gar nicht gewusst, ob sie die Sache überleben würden. Warum sich dann noch den Stress eines Umzugs machen? Und außerdem war da ja noch die Schrankwand. Die hätte nicht in eine kleinere Wohnung gepasst. Also beschlossen sie, in ihren vertrauten vier Wänden zu bleiben.

Tine in der Wohnung gegenüber überlegt. Haben die Schrimpfs nicht … doch, die haben sogar *vier* Balkone, während ihre Wohnung nur drei hat. Weil die Schrimpfs schon so lange hier wohnen, hätten sie »einen supergünstigen Quadratmeterpreis«. Das Ziel sei, dass am Ende alle im Haus 7,50 Euro pro Quadratmeter zahlten. »Am Ende!«, sagt Tine, »aber so weit sind wir ja noch nicht.« Und wenn es einmal so weit sein sollte, werden sie, ihr Mann und die drei Kinder schon nicht mehr hier wohnen.

Ist es ungerecht, dass die alten Mieter eine geringere Miete zahlen als die neuen? »Nein!«, sagt Annette, und sie sagt es sehr bestimmt. Auch als Wohnprojekt müssten sie sich ja an geltende Regeln und Gesetze halten. Man könne Menschen, die seit Jahrzehnten Miete zahlen, nicht plötzlich eine exorbitante Erhöhung präsentieren. Und außerdem sei die Miete der Eltern ja um 20 Prozent erhöht worden, so wie für alle im Haus, nur sei die Ausgangsmiete eben deutlich niedriger gewesen. Und außerdem: »Einen alten Baum, den verpflanzt du nicht mehr so leicht.«[3] Die Miete setzt sich jetzt zusammen aus dem Kaufpreis, den Rücklagen, die die GmbH zum Beispiel für etwaige Reparaturen oder Mietausfälle bilden muss, den Kreditraten, und dem Erbzins für das Grundstück, der an die Stiftung trias geht und der demnächst erhöht werden wird. Von bisher 11.500 Euro pro Jahr auf rund 13.800 Euro. »Das wird auch spannend«, sagt Annette auf ihre trockene Art. Drei Prozent beträgt der Erbbauzins der Stiftung trias. Tatsächlich nehmen Kommunen wie Bonn oder Hamburg, die ihre Grundstücke in Erbpacht vergeben, einen geringeren Zins; er liegt bei knapp einem Prozent, sagt Jörn Luft mir am Telefon. »Wir brauchen aber diesen höheren Zins, um unser Solidaritätsprinzip am Leben zu erhalten. Das Geld geht in die Bildungsarbeit und in die Unterstützung neuer Projekte.«

Ob das Ziel »Sieben Euro fünfzig für alle!« im Viertel 8 jemals erreicht wird, frage ich Annette. Da ist sie sich nicht so sicher. Etwas wahrscheinlicher werde das erst, wenn ihre Eltern irgendwann nicht mehr in der Wohnung leben und wenn alle Wohnungen auf dem gleichen Sanierungsstand sind. Aber wie erwähnt, es hängt auch vom Erbzins ab. Das Licht vor ihrer Werkstatt wird abendmild. Die elf Monate des Verhandelns und Zitterns seien anstrengend gewesen, sagt sie noch einmal. Und die Zeit jetzt sei es auch. Die Suche nach neuen Mieterinnen koste Kraft. Sie wünscht sich, dass ein bisschen mehr Ruhe einkehrt in der Waldhofstraße 8. Aber sie sagt auch, dass sie es wieder machen würde: dieses alte Haus kaufen. Ihr Projekt ist ein Vorbild, es hat politische Wirkung. Die Stadt Mannheim hat vor Kurzem 20 Häuser in der Neckarstadt gekauft, um die Bewohnerschaft vor explodierenden Mieten zu schützen. Gerade folgt eine Gruppe von Mietern dem Beispiel von Viertel 8 und will das Haus kaufen, in dem sie wohnen, während die Stadt den Grund und Boden erwerben soll, auf dem das Haus steht.

Es hat seinen Preis, sich aus dem kapitalistischen Wohnungsmarkt zu verabschieden. Es kostet Zeit, Kraft und ... Geld. Und die Begehrlichkeiten und Konflikte – das zeigen die Diskussionen über Wohnungsgrößen und Miethöhen im Viertel 8 – hören nicht auf, nur weil man plötzlich ein Bollwerk gegen die Gentrifizierung ist. Das alte Denken in »Deins« und »Meins« verschwindet nicht so einfach. Vielleicht muss es das auch nicht, jedenfalls nicht restlos. Aber für jede Gemeinschaft ist es eine der alles entscheidenden Fragen: Wie halten wir's mit dem Eigentum?

4

Gartenzwerg forever?

» Der Deutsche an sich«, sagt Helga Nissen, »hätte gerne sein Reihenhaus mit Zaun. Das scheint irgendwie in unserer DNA zu stecken.« Die Kölner Juristin und Sozialarbeiterin berät seit Jahren Wohnprojekte, sowohl auf der juristischen Ebene als auch als Mediatorin. Als ich sie anrufe, ist sie gerade selbst dabei, mit anderen unter ein Dach zu ziehen. Gemeinschaftlich wohnen, das heißt immer, vielleicht sogar an erster Stelle: Eigentum neu zu denken. Ich erinnere mich an WG-Zeiten, an den kritischen Blick in den Kühlschrank, wo die von mir gekaufte Wurst direkt neben dem vom Mitbewohner erworbenen Käse lag. Im Zweifelsfall musste der eigene Besitz verteidigt werden gegen den Zugriff des anderen. Und gleichzeitig war da immer der Gedanke: »Wir wohnen doch jetzt zusammen – dann gehört uns die Butter doch auch gemeinsam – *oder*?« Das waren Kleinigkeiten im Vergleich zu der Frage, vor der Menschen in gemeinschaftlichen Wohnprojekten stehen. »Money changes everything«, heißt der passende Titel von The Smiths. Helga Nissen sagt es auf Deutsch: »Wenn es Wohneigentum gibt, egal in welcher rechtlichen Form, dann gibt es auch die Tendenz zu sagen: Ich stelle jetzt meinen Gartenzwerg vor die Tür und der hat einen Speer in der Hand.« Das kann zu massiven Konflikten innerhalb von Gemeinschaften führen.

Helga Nissen unterscheidet für Wohnprojekte im Wesentlichen drei juristische Formen. Weit verbreitet ist die Baugemeinschaft – und die ist, was die Eigentumsfrage angeht, sehr klassisch organisiert. Die Wohnung gehört dem Menschen, der ihren Bau finanziert hat, und er oder sie kann sie nach eigenem Gutdünken weiterverkaufen. Das kann problematisch werden, wenn eine Baugemeinschaft von der Stadt ein vergünstigtes Grundstück bekommen hat; mehr dazu im nächsten Kapitel »Goldene Böden«. Es ist außerdem kein gutes Modell für Menschen, denen besonders wichtig ist, mit wem sie Tür an Tür wohnen.

Das zweite Modell ist die Baugenossenschaft. Da gibt es zwei Formen: die großen alten Genossenschaften, die seit Jahrzehnten für ihre Mitglieder günstigen Wohnraum zur Verfügung stellen. Die ersten von ihnen entstanden schon im 19. Jahrhundert und halfen, die akute Wohnungsnot zu lindern. Und dann sind da die kleinen, jungen Genossenschaften, wie zum Beispiel das Dorf Hitzacker, die sich zusammenfinden, um ihren Traum vom solidarischen, bezahlbaren Wohnen wahr werden zu lassen. Diese Form ist im Vergleich zu Baugemeinschaften schon ein Stück weiter, was die »Neutralisierung von Eigentum« angeht, wie Nissen sagt. Das Problem ist, dass sie sich komplett selbst finanzieren müssen. Das geschieht zum einen durch die einmalige Einlage, die jeder Genosse und jede Genossin leistet. Und zum anderen durch die Kredite, die eine Genossenschaft aufnimmt und die dann über die Miete zurückgezahlt werden müssen. »Wenn ich als Genossin so eine Gemeinschaft verlasse, dann bekomme ich meine Einlage zurück. Mehr nicht«, sagt Helga Nissen. Das sei ein großes finanzielles und wirtschaftliches Wagnis. Die Studierenden im Projekt Viertel 8 zum Beispiel wissen nicht, wie lange sie in Mannheim bleiben werden. Da fällt es schwer, sich für immer an eine Wohnung, an eine Gemeinschaft zu binden. Die Tiny Flats, die gerade in meiner Nachbarschaft gebaut wurden – 300.000 Euro für 30 Quadratmeter –, sind ein Symptom für diesen neuen Wohntrend des Ungebundenen, der Unmöglichkeit, sich in einer Arbeitswelt der befristeten Verträge auf einen Ort festzulegen. Man wird, ob man will oder nicht, zum Spielball einer gewinngetriebenen Wohnungswirtschaft. Aber es geht eben auch ganz anders. Denn es gibt da auch das Eigentumsmodell Nummer drei, und das, meint Helga Nissen, sei »eine ziemlich geniale Konstruktion«. Es ist sowas

wie das Eldorado des antikapitalistischen Wohnens, auch wenn es den Begriff »Syndikat« im Namen trägt und mit dem Konstrukt der GmbH arbeitet, um sein Ziel zu erreichen: *Die Häuser denen, die darin wohnen.*

Ein Neubaugebiet in Mannheim, nur wenige Straßenbahnstationen vom Projekt Viertel 8 entfernt. Turley heißt es, nach der Kaserne der US-Armee, die sich hier noch vor ein paar Jahren befand. In der Julisonne dämmern ockerbraune, würfelförmige Neubauten mit Garten vor sich hin: Mietwohnungen und Eigentumswohnungen. Im Zentrum des Neubaugebiets stehen ein paar denkmalgeschützte Bauten aus rotem Sandstein. Früher schliefen hier Soldaten, erst die des deutschen Kaisers, dann die der Wehrmacht und schließlich die der US-Armee. Heute wird hier ebenfalls besessen oder gemietet. Das klassische deutsche Wohnen also, auf ein paar Hektar zusammengedrängt. Und mittendrin: drei Projekte, die so weit vom kapitalistischen Wohnungsmarkt entfernt sind, wie es unter den gegebenen Umständen möglich ist. *Mietshäusersyndikat* heißt das Zauberwort. »Es basiert auf drei Säulen«, erklärt mir Günter Bergmann, der in einem der Häuser lebt. »Selbstverwaltung, Solidarität, und Unverkäuflichkeit!«. Der 64-Jährige hat früher als Schreiner gearbeitet. Er sieht ein klein bisschen so aus wie der Schauspieler Terence Stamp, der in Pier Paolo Pasolinis Film *Teorema* eine großbürgerliche Familie durcheinanderbringt. Kein Leben besteht aus einem einzigen Thema. Aber die Sache mit dem Eigentum beschäftigt Günter Bergmann seit seiner Teenagerzeit. Mit 17 zog er in eine Schüler-WG in Frankfurt, um danach in der Arbeiter-Selbsthilfe nach dem Prinzip »Zusammen leben, zusammen arbeiten!« aktiv zu werden. Sehr aktiv. »Wir haben wenig verdient und viel gearbeitet. Wir waren verschrien als die Stachanows von Frankfurt«, sagt er lachend. Stachanow? Das sei ein sowjetischer Bergarbeiter gewesen, der die Arbeitsnorm um mehr als tausend Prozent übererfüllt hätte.[1]

UmBAU[2] heißt Bergmanns Haus. Kein sehr geschmeidiger Name, oder? Renditeorientierte Neubauprojekte nennen sich gerne »Höfe« oder »Quartier«. »Turley Höfe«, so könnte ein Hochglanz-Investitionsobjekt in Bergmanns Nachbarschaft heißen. Wenn aber Gemeinschaften sich selbst taufen, ist der Name oft auf liebenswerte Art ein wenig sperrig. Vielleicht liegt es daran, dass die Entstehung des Projekts schon so kompliziert war. Das UmBAU^2 ist ein Neubau, heißt aber so, weil sie ursprünglich einen Altbau auf dem Turley-Gelände neu gestalten wollten. Für Günter Bergmann ist das umBAU^2 so etwas wie das Fazit aus seiner lebenslangen Auseinandersetzung mit dem Besitz. Auch wenn er, als seine Frau zum ersten Mal mit der Idee Mietshäusersyndikat ankam, die Sache »furchtbar kompliziert« fand. Er führt mich durch das Haus, das er mit 30 Menschen bewohnt. Als ich zu Besuch bin, leben außerdem noch zwei Geflüchtete aus der Ukraine in den Räumen, die die Gemeinschaft sonst für ihre Treffen nutzt. 8,50 Euro Kaltmiete zahlen sie hier. Zum Vergleich: In den Wohnungen gegenüber sind 12 bis 14 Euro Kaltmiete fällig. Zwei Wohnungen im Projekt sollen demnächst in Sozialwohnungen umgewandelt werden. Dort wird die Miete dann zwischen 7,15 und 7,55 Euro liegen.

Das Projekt startete 2012 mit sechs Menschen. »Wir hatten nix. Außer Ideen«, sagt Günter Bergmann. Die schrieben sie auf Zettel, die sie dann an einer Wäscheleine befestigten, um sie rund um das geplante Baugrundstück zu spannen. Ein idealistischer Anti-Gartenzaun. Dann fingen sie an, Direktkredite einzusammeln. Ähnlich wie beim Projekt Viertel 8 war die Solidarität enorm: Menschen aus ganz Deutschland waren bereit, das antikapitalistische Traumhaus im fernen Mannheim zu unterstützen. Hinzu kamen Bankkredite, Zuschüsse von der Stadt und ein wenig Eigenkapital. So entstand ein vierstöckiger Hybridbau aus Beton und Holz. Neben dem sozialen Anspruch will das Haus auch beim Thema Energie ein Vorbild sein. Auf dem Dach steht eine Photovoltaikanlage. An einer sonnenbeschienenen Wand sehe ich lange Rohre. »In denen wird Wasser erhitzt, für die solarthermische Anlage im Keller«, erklärt Günter Bergmann und führt mich in den Raum, den sie »unser U-Boot« nennen. Hier wird die Wärme in Paraffinröhren gespeichert. Die Hälfte ihres Warmwasserbedarfs decken sie so, und rund fünf Prozent des Heizbedarfs. Sie seien zwar nicht vollkommen energieautark, sagt Bergmann, aber sie arbeiteten daran.

Und wie schaffen sie es im umBAU^2, sich vom kapitalistischen Wohnungsmarkt abzukoppeln? Das Mietshäusersyndikat ist Anfang der 1990er

Jahre aus der Freiburger Hausbesetzerinnenszene hervorgegangen. Der zentrale Punkt ist die Unverkäuflichkeit der Gebäude. Das funktioniert über die Konstruktion, die die Juristin Helga Nissen »ziemlich genial« findet. Die große Frage, wem das Haus gehört, beantwortet Günter Bergmann so:

> »Das Haus gehört der Turley GmbH, und das sind zwei Gesellschafter: Ein Gesellschafter ist der Hausverein, das sind alle Bewohner. Der andere Gesellschafter ist das Mietshäusersyndikat. Alle Aufgaben, die das Haus betreffen, also Gestaltung, Finanzierung, Instandhaltung – übernimmt der Hausverein. Das Syndikat tritt nur dann in Erscheinung, wenn wir auf die Idee kommen, das Haus zu verkaufen. Dann sagt das Syndikat: Ihr könnt es verkaufen, ihr bekommt aber nur die 12.500 Euro wieder, die ihr als Kollektiv in die GmbH eingebracht habt.«

Die Bewohnerinnen von umBAU² können ihr Haus also niemals gewinnbringend verkaufen. Aber es kann ihnen auch niemand wegnehmen. Allerdings: So ganz unumstritten ist der Trick nicht, sagt Helga Nissen: »Mit der großen Bedeutung, die im deutschen Recht dem Eigentum beigemessen wird, ist es schwer zu vereinbaren, dass die Hausgemeinschaft, die das ganze Geld für die Immobilie aufbringt, nicht zugleich die vollen Eigentümerrechte haben soll.« Bisher hat das Modell aber funktioniert, ohne juristische Gefechte. Ebenso wichtig wie die weitgehende Neutralisierung von Eigentum ist der Solidartransfer zwischen den Projekten. Während Baugenossenschaften wie das Dorf Hitzacker für sich wirtschaften und einen geschlossenen Finanzkreislauf darstellen, ist das Mietshäusersyndikat auch ein Geld-Netzwerk. Die Projekte unterstützen sich gegenseitig. Neulich zum Beispiel bekam eine Gemeinschaft Geld, deren Haus durch die Flutkatastrophe im Sommer 2021 beschädigt worden war. Wie das funktioniert? Ein Teil der Miete, die Bergmann und die anderen zahlen, besteht aus einem Solidarbeitrag. Der lag zu Beginn bei zehn Cent pro Quadratmeter. Jedes Jahr steigt der Beitrag um 0,05 Prozent an. Im Jahr 2045, rechnet Bergmann vor, werden sie über 220.000 Euro in den Topf gezahlt haben, aus dem andere

Projekte unterstützt werden. Gleichzeitig sinkt für die Bewohnerschaft von umBAU² die Belastung durch die Bankkredite, die sie, ähnlich wie das Dorf Hitzacker und Viertel 8, aufnehmen mussten. »Früher oder später«, sagt er, »fließt ein Großteil der Mieten in den Solifond statt in die Rückzahlung der Kredite.« Als selbstverwaltetes Mietshaus ohne Renditeabsicht wird die komplette Miete zum Erhalt des Hauses verwendet. Und: Das Zusammenspiel zwischen der Finanzierung aus Direktkrediten und dem Solidarfonds ermöglicht es auch Menschen mit wenig Geld, in ein Projekt zu ziehen. Deshalb, sagt Günter Bergmann, seien sie stärker gemeinwohlorientiert als die meisten jungen Genossenschaften. 250 Euro reichen, um Mitglied im Mietshäusersyndikats-Verein zu werden. Die Einlage, die eine Genossenschaft von jedem neuen Mitglied fordert, fällt beim Mietshäusersyndikat weg. »Genossenschaften verlangen häufig eine Einlage zwischen 50.000 und 70.000 Euro«, sagt Günter Bergmann. »Meine Frau und ich sind weder Superverdiener noch Ganz-schlecht-Verdiener. Aber eine solche Summe hätten wir uns nicht leisten können. Trotz doppeltem Einkommen und obwohl wir keine Kinder haben.«

Die jungen Genossenschaften sind also, wenn man Bergmann folgt, ziemlich elitäre Projekte, trotz ihres Anspruchs, für alle offen zu sein. Das Dorf Hitzacker hat in seiner Gründungsphase versucht, die finanziellen Hürden so niedrig wie möglich zu halten, indem die Reicheren für Menschen mit wenig Geld Solidaranteile gezeichnet haben. Aber so entsteht natürlich auch ein Gefälle innerhalb einer Gemeinschaft, und ich erinnere mich daran, wie Sabrina, die sehr von der Solidarität der anderen abhing, bis zum Umfallen auf der Baustelle geschuftet hat. Das heißt aber nicht, dass Mietshäusersyndikats-Projekte wie das umBAU² eine gemütliche Hängematte sind, wenn man es erst einmal reingeschafft hat in eines der Häuser. Denn Engagement ist im Eldorado des Anti-Eigentums noch wichtiger als bei den anderen Gemeinschaften in diesem Buch. Viertel 8 verwaltet sich selbst und ist damit vollauf beschäftigt, ebenso das Dorf in Hitzacker. Wer sich aber auf das Modell des Mietshäusersyndikats einlässt, sollte bereit sein, auch andere Gruppen mit Know-how zu unterstützen. Günter Bergmann rechnet vor: 10 Stunden Selbstverwaltung pro Woche, die Beratung für andere Projekte kommt dazu. Er selbst zum Beispiel hat auch das Projekt Viertel 8 beraten, als da noch die Möglichkeit diskutiert wurde, Teil des Syndikats zu werden. Schade, dass das dann nicht geklappt hat, findet er.

170 Projekte sind inzwischen im Mietshäusersyndikat organisiert, mit insgesamt 4.500 Bewohnerinnen. Tendenz steigend. Ob es ein Modell für ganz Deutschland sein könnte? Ja und nein, sagt Günter Bergmann, während wir die Treppen zu der Wohnung im Dachgeschoss hochsteigen, wo er mit seiner Frau wohnt. Die Gemeinwohlorientierung und die Abkopplung vom gewinnorientierten Wohnungsmarkt – das seien zwei Prinzipien, die überall durchgesetzt werden müssten, wenn Wohnen in Deutschland wieder bezahlbar sein soll. Aber damit, sich selbst zu organisieren und zusätzlich noch andere Projekte zu beraten, wäre die Mehrheit der Deutschen dann doch überfordert, vermutet er. Vielleicht müsste man eine Art Hybrid entwickeln, in dem die Kommunen Menschen bei der Selbstverwaltung unterstützen. Tatsächlich setzen einige Städte inzwischen auf das Anti-Gartenzwerg-Prinzip, zumindest ansatzweise. Die Stadt Mannheim hat Günter Bergmann und seiner Gruppe das Grundstück vor zehn Jahren verkauft, zu einem Preis, von dem Projekte heute nur träumen können (mehr dazu im nächsten Kapitel). Das Grundstück bekam umBAU^2, ohne dass sie vorher ein Konzeptverfahren durchlaufen mussten. Darin müssen Gruppen gewöhnlich darlegen, wie genau sie Inklusivität, eine ökologische Bauweise und die Bezahlbarkeit ihres Projekts sicherstellen wollen. Heute ist dieses Prozedere für die allermeisten Projekte üblich. Dass ein Mietshäusersyndikats-Projekt wie das umBAU^2 das Grundstück ohne diese Vorabprüfung bekam – das ist eine beachtliche Karriere für eine Bewegung, die ihre Wurzeln in der Hausbesetzerszene hat.

Wir sind in der Wohnung der Bergmanns angekommen. Irgendwie, denke ich, sind sich die Wohnzimmer in vielen Wohnprojekten ziemlich ähnlich: Sichtbeton statt Tapete, ein großer Raum statt vieler Zimmer, Schlichtheit, Reduktion auf das Notwendigste. Wir setzen uns auf den

Balkon, der Kaffee, den Bergmann ausschenkt, wird mit Hafermilch serviert. Den Balkon teilen sie sich mit den anderen, die im Dachgeschoss wohnen. Gerade diskutieren sie darüber, was mit 90.000 Euro geschehen soll, die aus einer Förderung durch die Stadt übrig sind. Es gab die Idee, damit die Mieten noch weiter abzusenken. Inzwischen haben sie sich darauf geeinigt, dass die Miete nur stabil gehalten werden soll. Aber Günter Bergmann würde gerne darüber hinausgehen. Statt der zwei Wohnungen, wie aktuell geplant, könnten sie doch die Hälfte der Wohnungen im umBAU² zu Sozialwohnungen machen. Da gebe es aber einige in der Hausgemeinschaft, die zu ängstlich seien dafür. Zu ängstlich? Ja, sagt Bergmann, es gebe die Befürchtung, dass man dann halt nur noch die Auswahl unter Menschen mit Wohnberechtigungsschein habe. Und unter denen, so denken wohl einige im umBAU², fänden sich unter Umständen nicht so viele Leute mit kreativen Ideen fürs Haus und für das Mietshäusersyndikat.

Kleiner Einschub: Was ist mit Menschen, die studiert haben, arbeitslos geworden sind und jetzt Anspruch auf eine Sozialwohnung haben? Und was ist mit Menschen, die nie studiert haben? Können die keine kreativen Wohnideen entwickeln? Auch im Dorf Hitzacker haben sie sich gegen Sozialwohnungen entschieden. Aus zwei Gründen: »Es wäre stigmatisierend, wenn man sagen kann: Der oder die wohnt im Sozialwohnungshaus«, sagt Rita. Die Gemeinschaft wollte aber auch flexibel bleiben, was die Belegung ihrer Häuser angeht. Die große Frage, ob Wohnprojekte tatsächlich so offen sind, wie sie es von sich behaupten, wird im Kapitel »Für alle?« etwas genauer diskutiert.

Zurück auf den Balkon. Günter Bergmann nippt an seinem Kaffee. »Ich habe keine Lust, als alter Mann immer weiter hier rumzufighten«, sagt er mit Blick auf die Diskussion, wie viele Wohnungen im umBAU² nun in Sozialwohnungen umgewandelt werden. Das Wichtigste sei geschafft: Mindestens 80 Jahre wird das Haus stehen. Und dank des Mietshäusersyndikats-Prinzips könnten auch die nächsten Generationen hier zu bezahlbaren Mieten wohnen – im Gegensatz zu den allermeisten anderen Häusern auf dem ehemaligen Kasernengelände. Vom

Gemeinschaftsbalkon aus hat man einen sehr guten Blick auf das, was der ehemalige Schreiner »eine gigantische Umverteilungsmaschine« nennt. Die Maschine ist noch nicht fertig, sie schimmert weiß hinter den Baugerüsten hervor, die an diesem Sonntagnachmittag leer sind. Mietwohnungen entstehen hier – zumindest das hat die Mannheimer SPD durchgesetzt. Ursprünglich hätte der Investor hauptsächlich Eigentumswohnungen geplant, sagt Günter Bergmann. Er und die anderen aus der Mannheimer Mietshäusersyndikats-Gruppe wollten auf dem gesamten Gelände gemeinschaftliches, bezahlbares Wohnen ermöglichen, eine Art Christiania für Mannheim.[2] Doch die Chance habe die Stadt sich entgehen lassen, sagt Bergmann. Drei Prozent Fläche habe sie dazugewonnen, als die US-Armee das Gelände aufgab. Doch letztlich gehört der Stadt dieser Boden nicht. Er wurde an einen Investor verkauft. Was uns zu einem Problem bringt, das ebenfalls mit der Frage des Eigentums zu tun hat. Aber in einer Dimension, die noch weit hinausgeht über das, was beim Mietshäusersyndikat und in anderen Wohnprojekten diskutiert wird.

5

Goldene Böden

Zwei Fahrradminuten von meiner Wohnung entfernt kann man ein Symptom besichtigen. Es ist 86.500 Quadratmeter groß und wird überragt von einem massiven dunklen Backsteinbau. Die anderen Gebäude sind zum Teil abgerissen. Stille liegt über dem Symptom, obwohl hier schon vor Jahren Wohnungen entstehen sollten. Einen Preis hat es auch: Mit 328 Millionen Euro steht es im Sommer 2022 in den Büchern der Adler Group, deren Tochterfirma Consus Real Estate das Gelände besitzt. Damit hat das Symptom eine erstaunliche Wertsteigerung erlebt: Als es 2016 zum Verkauf stand, wurde sein Wert auf 67 Millionen geschätzt. Ende Juli 2022 besetzten Bauarbeiter, die mit Abrissarbeiten beauftragt waren, das Dach eines Gebäudes und entrollten Transparente. »Hungerstreik« stand darauf. Sie protestierten dagegen, dass ihre Löhne nicht gezahlt worden seien.

Das Gelände der ehemaligen Holstenbrauerei in Hamburg-Altona, auf dem seit Jahren keine einzige Wohnung entstanden ist, erst recht keine bezahlbare, ist ein Symptom für das, was schiefläuft in der deutschen Bodenpolitik. Bauland wird immer teurer und teilweise wird damit spekuliert. Das Holstenareal ist nicht das einzige Beispiel. Im vorangegangenen Kapitel hat mir Günter Bergmann vom Mietshäusersyndikat das Grundstück vis-à-vis gezeigt. Die Entwicklungsgesellschaft der Stadt Mannheim hatte die rund 22.000 Quadratmeter Baufläche für 6 Millionen Euro an einen Frankfurter Immobilienhändler verkauft. Nach dem Ausheben einer Baugrube geschah auf der Baustelle jahrelang gar nichts. Im

Herbst 2018 berichtete dann der *Mannheimer Morgen*, dass das Baufeld nach dreijährigem Stillstand für 36 Millionen an eine neue Firma verkauft wurde. So sei ein absurd hoher Quadratmeterpreis von über 1.600 Euro zustande gekommen. Auf dem Gelände, so Bergmann, hätte das Mietshäusersyndikat in den drei Jahren des Stillstands 14 bezugsfertige Häuser bauen können, mit dauerhaft günstigem Wohnraum, die Hälfte davon öffentlich gefördert und mit Mietpreisbindung.[1]

Alle, mit denen ich für dieses Buch gesprochen habe, sehen in den explodierenden Bodenpreisen das Grundproblem, wenn es um bezahlbaren Wohnraum geht. Das hat natürlich auch massive Folgen für Menschen, die in Gemeinschaft bauen und leben wollen. Und es gilt für Großstädte ebenso wie für manche ländliche Regionen, die spätestens seit der Coronapandemie immer beliebter werden. Im Landkreis Lüchow-Dannenberg, wo das Dorf Hitzacker liegt, haben sich die Baugrundstücke weiter verteuert.[2] Natürlich muss man dazu sagen: Auch Gemeinschaften, die in den besten Absichten Grund und Boden kaufen, können dazu beitragen, dass die Grundstücke in der Umgebung teurer werden. Aber zu den großen Playern beim Spiel um die goldenen Böden gehören sie nicht. Jörn Luft von der Stiftung trias, die das Projekt Viertel 8 in Mannheim beraten und das Grundstück gekauft hat, um es dem überhitzten Markt zu entziehen, sagt: »Die Zuspitzung findet seit Jahren statt, mit immensen Steigerungen der Bodenpreise, besonders bedingt durch die Finanzkrise 2008.« Seither hätten nicht nur private Anleger, sondern auch internationale Fonds auf Immobilien und Boden gesetzt. »Mit Grund und Boden wird spekuliert. Das Gebäude, das darauf steht, ist austauschbar. Das sieht man daran, dass viele Bauten einfach abgerissen werden, sobald das Grundstück gekauft ist.« Für Initiativen, die gemeinsam sozialen, ökologischen Wohnraum schaffen wollen, sei es in den vergangenen Jahren immer schwieriger geworden, noch bezahlbare Grundstücke zu finden. »Da geht es dann schnell in die Millionenpreise«, sagt Jörn Luft. Ein Beispiel: Das Projekt ExRotaprint in Berlin. 2007 hat die trias das Grundstück für eine Million gekauft. Inzwischen ist es rund 20 Millionen wert. Da es aber im

Erbbaurecht vergeben wurde, ist es für die nächsten 99 Jahre vor Spekulation geschützt. Doch dieser Schutz ist noch lange kein Standard in Deutschland. Wie das Erbbaurecht genau funktioniert, kommt in Kürze noch ausführlicher zur Sprache.

In den größten deutschen Städten, schreibt die Bundesstiftung Baukultur in ihrem Bericht für 2020/21, haben sich die Bodenpreise in nur fünf Jahren verdoppelt. Die öffentliche Hand sollte ihre Flächen deshalb nicht mehr veräußern, sondern sie sichern und vermehren. Das heißt: Was die Kommunen nach Jahrzehnten des munteren Verscherbelns überhaupt noch an Grundstücken besitzen, sollten sie nicht mehr an Immobilienunternehmen verkaufen, denen es zuallererst um die Rendite geht. Und wo ein Grundstück neu auf den Markt kommt, sollte eine Stadt dafür sorgen, dass es nicht mit überteuerten Miet- oder Eigentumswohnungen vollgebaut wird. Ein Mittel dazu ist das sogenannte Vorkaufsrecht. Im Fall des Holstenareals verzichtete der damalige Erste Bürgermeister Olaf Scholz auf dieses Vorkaufsrecht, als die Carlsberg Brauerei ihr Grundstück loswerden wollte. Er hoffte darauf, die 300 Arbeitsplätze der Brauerei in der Stadt zu halten, und ließ Carlsberg den Boden auf dem freien Markt verkaufen. Viermal wechselte das Areal die Besitzerin. In dem ARD-Film »Immobilienpoker« erinnert sich die zuständige Altonaer Bezirksamtsleiterin Stefanie von Berg an die Gespräche mit ständig neuen Investoren. »Das können wir unseren Aktionären nicht erklären!«, habe es plötzlich geheißen. »Wir merkten, die Atmosphäre ändert sich. Der Ton ändert sich. Die Schärfe ändert sich. Und die Anzüge wurden immer teurer.«[3] Dank sogenannter Share Deals wurde das Areal immer weiter verkauft, ohne dass die Stadt eingreifen konnte. Bei Share Deals werden Immobilien oder Grundstücke in einem Unternehmen gebündelt. Der Käufer übernimmt Anteile an diesem Unternehmen, kauft also offiziell nicht das eigentliche Grundstück. So wurde bei den diversen Weiterverkäufen des Holstenareals die Grunderwerbssteuer gespart. Das Empörende daran: Bauland wird unter anderem dadurch wertvoll, dass unsere Steuern in die umliegende Infrastruktur, zum Beispiel in Kindergärten und Kulturangebote gesteckt werden. Unternehmen, die mit Grundstücken handeln, profitieren vom Boom der Städte, ohne selbst in diese Entwicklung zu investieren.

Im Frühjahr dieses Jahres meldete *tagesschau.de*, dass die Adler Group in schweren Turbulenzen sei. Die Wirtschaftsprüfer von KPMG hatten sich geweigert, die Jahresbilanz des Immobilieninvestors zu bestätigen. Die Adler Group habe ihnen keine ausreichenden Einblicke in das komplizierte Firmengeflecht und finanzielle Transaktionen gewährt. Die Aktie stürzte ab.[4] Die Adler Group beteuert weiterhin, die seit Jahren versprochenen Wohnungen bauen zu wollen. Doch die Stadt Hamburg hat da massive Zweifel und will das Gelände jetzt doch noch kaufen – und damit das bewerkstelligen, was eine Bürgerinitiative seit Jahren fordert: die Kommunalisierung des Bodens. Die große Frage ist, ob der Immobilieninvestor und die Stadt sich auf einen Preis einigen können. Die Stadt will die mehr als 300 Millionen Euro, die der Boden angeblich wert ist, auf keinen Fall zahlen. Aber wenn die Adler-Gruppe sich auf einen geringeren Preis einließe, könnte das finanzielle Kartenhaus des Konzerns zusammenbrechen. »Die Preisparty soll weitergehen«, schreibt der Journalist Christoph Twickel in *Die Zeit*.[5] Im Spätsommer 2022 ist weiterhin offen, ob auf dem Symptom in meiner Nachbarschaft jemals bezahlbare Wohnungen gebaut werden.

Das Problem ist zwar akut, aber keineswegs neu. 1970 sagte ein Münchner Stadtrat: »Boden ist [...] unreproduzierbar. Trotzdem wird er gehandelt wie eine Ware in einem Krämerladen, das heißt Angebot und Nachfrage bestimmen den Preis. Da das Angebot stagniert und die Nachfrage steigt, überschlagen sich die Preise.« Das Zitat stammt aus dem Buch *Mehr Gerechtigkeit*. Der schmale Band ist das Vermächtnis von Hans-Jochen Vogel, der sich als Münchner Oberbürgermeister, als SPD-Vorsitzender und als Bundesminister für Bauwesen und Städtebau an der Bodenfrage abgearbeitet hatte. Kurz vor seinem Tod veröffentlichte er seine Wutrede gegen das Geschäft mit dem Grund, auf dem wir alle wohnen und leben.[6] 1962, schreibt Vogel, kostete ein Quadratmeter Bauland in Deutschland im Schnitt umgerechnet 7,58 Euro.

2017 lag der Preis dann schon bei 174,94 Euro. Und heute kostet ein Quadratmeter baureifes Land im Durchschnitt 199 Euro.[7] Neben spekulativen Geschäften mit dem Boden spielte und spielt dabei auch eine Rolle, dass die durchschnittliche Wohnfläche in Deutschland wächst und wächst. Seit Jahrzehnten, so Vogel, taucht das Bodenproblem in den politischen Debatten immer wieder auf – um stets wieder zu verschwinden. Ungelöst. Schon in ihrem Godesberger Programm von 1959 hatte seine Partei gefordert: »Die Bodenspekulation ist zu unterbinden. Ungerechtfertigte Gewinne aus Bodenverkäufen sind abzuschöpfen.« Und 1967, als die Kommune 2 forderte, das Privateigentum an Grund und Boden aufzuheben, um »humanere Wohnverhältnisse« zu ermöglichen, urteilte das Bundesverfassungsgericht:

> »[D]ie Tatsache, dass der Grund und Boden unvermehrbar und unentbehrlich ist, verbietet es, seine Nutzung dem unübersehbaren Spiel der freien Kräfte und dem Belieben des Einzelnen vollständig zu überlassen. Eine gerechte Rechts- und Gesellschaftsordnung zwingt vielmehr dazu, die Interessen der Allgemeinheit beim Boden in weit stärkerem Maße zur Geltung zu bringen als bei anderen Vermögensgütern.«

Was tun? Wie kann der Boden den »Interessen der Allgemeinheit« entsprechend genutzt werden? Ich fahre nach Berlin. Dort hat der Quadratmeter Bauland im Jahr 2020 im Schnitt 930 Euro gekostet. 2001 hatte der Wert noch bei 237 Euro gelegen.[8] In der Mensa der TU treffe ich André Sacharow. Der 30-Jährige sucht gerade nach einer Wohnung, in der er mit einer Gemeinschaft leben kann. »Wir müssen in größeren Haushalten gemeinsam leben und wirtschaften«, sagt er. »Das wird, glaub' ich, wichtig für uns alle werden mit den Krisen, die immer schneller und härter kommen. Und es ist besser, früher damit anzufangen, als dann, wenn man es muss. Und keine Wahl mehr hat.«

2019 hat André die Stadtbodenstiftung mitgegründet. Die will eine neue Bodenpolitik in der Hauptstadt vorantreiben. Es geht ihnen nicht primär darum, Grundstücke für gemeinschaftliche Wohnprojekte zu gewinnen, wie das die Stiftung trias macht. Das Ziel ist, so viel Boden wie möglich für eine allgemeinere, gemeinwohlorientierte Bewirtschaftung zu sichern. »Die Stadtbodenstiftung«, erzählt er mir, »ist entstanden aus dem Drang, in Berlin die Stadtentwicklung nicht einfach nur zu akzeptieren, wie sie uns vorgeschrieben wird. Wenn Menschen, die normalerweise ausgeschlossen werden, die Entwicklung mitgestalten und nicht Marktkräfte, führt das zu einer Stadt, die schöner, lebendiger, solidarischer, resilienter ist.« Gegründet wurde die Stiftung von Menschen, die aktiv waren in Genossenschaften, in Nachbarschaftsinitiativen, Menschen also, die sich schon lange mit dem Thema Bodenspekulation auseinandergesetzt hatten. »Und die den Drang hatten, das Problem an der Wurzel zu packen. Und quasi nicht nur oberflächliche, kurzfristige Lösungen zu schaffen, sondern langfristige.«

André hat in London studiert, der europäischen Metropole, die sicher als Horrorbeispiel für einen außer Kontrolle geratenen Immobilienmarkt gelten kann. Was er in der britischen Hauptstadt sah, empörte ihn so, dass er Vorstandsmitglied bei einem Community Land Trust wurde. Dieses solidarische Modell zielt darauf, Grundstücke gemeinschaftlich zu verwalten, ohne einen Gewinn daraus zu ziehen. Konkret ging es dem Trust, dem André beigetreten ist, um ein Krankenhaus des National Health Service. Beziehungsweise um den Boden, auf dem dieses Krankenhaus steht. Dort sollten teure Eigentumswohnungen errichtet werden. Und das in einer Gegend von London, die André an den Berliner Wedding erinnerte, wo er früher gewohnt hatte: Da lebten Menschen mit wenig Geld, erzählt er, und plötzlich gingen die Mieten durch die Decke. Den Alteingesessenen seien nur zwei Möglichkeiten geblieben: das Weite suchen oder bleiben. Und dann unter Bedingungen wohnen, die André an die elenden Zustände in den Industriemetropolen des 19. Jahrhunderts denken ließen. Zu Beginn habe der Trust überlegt, wie man den Kauf des Grundstücks finanzieren könnte:

»Es war ein Projekt von ein paar Hundert Millionen Pfund, und auf dieser Ebene haben wir diskutiert und überhaupt erstmal das Bewusstsein erweckt: Das ist öffentliches Land, das kann man nicht einfach so privatisieren! Hier will die Nachbarschaft mitreden und hat Forderungen! Und die Idee, dass die Nachbarschaft wirklich angehört wird – das ist es, was wir da umsetzen konnten. Die ursprünglichen Hoffnungen, dass die Nachbarschaft das ganze Grundstück entwickelt – die hat sich nicht verwirklicht.«

Auch der Berliner Stadtbodenstiftung fehlt noch das Geld, um in Berlin Grundstücke zu kaufen. Aber als ich André im Frühjahr 2022 treffe, verhandelt die Stiftung gerade mit zwei Eigentümern. Man habe, sagt er, eigentlich gar nicht lange suchen müssen. Stattdessen seien sie von Menschen angesprochen worden, die Grundstücke und Häuser besitzen und diese dem Gemeinwohl zur Verfügung stellen wollen. Ähnliches berichtet auch Jörn Luft. Die Zahl der Menschen nehme zu, die sich Gedanken darüber machen, wie ihr Grund- und Immobilienbesitz für mehr da sein könnte als für eine ständig steigende Rendite. Manchmal, erzählt Jörn Luft, sei es für die Familien schwer zu verkraften, wenn der Senior einen Teil des Familienerbes in Form von Immobilien und Grundbesitz nicht mehr vererben, sondern verschenken will.

Natürlich kann man jetzt einwenden, dass diese Beispiele für privates Umdenken nur ein paar kühle Tropfen auf sehr viele sehr heiße Steine sind. Aber es ist immerhin ein Anfang. Eine wirklich nachhaltige Bodenpolitik müsste allerdings viel weiter gehen. In der Bundespolitik scheint, Stand 2022, dieses Verständnis zu fehlen. Die Stiftung trias ist im Bündnis »Bezahlbarer Wohnraum«. 400.000 Wohnungen sollen pro Jahr geschaffen werden, davon 100.000 im sozialen Wohnungsbau. »Das Thema Bodenpreise spielt in den Gesprächen aber kaum eine Rolle«, sagt Jörn Luft. Das Vorkaufsrecht für Kommunen – das Instrument also, das beim Verkauf des Hamburger Holstenareals nicht genutzt wurde, mit den geschilderten haarsträubenden Folgen – müsse dringend gestärkt werden, fordert er. »Und dann gibt es da noch ein paar Maßnahmen, die ziemlich radikal wären, weil sie der gängigen marktwirtschaftlichen Logik widersprechen. Das wäre eine Bodenwertsteuer oder ein Bodenpreisdeckel. Mit der aktuellen Regierung wird das aber nicht machbar sein.« In Deutschland gebe es ja nicht mal transparente Grundbücher, wie das in der Schweiz üblich ist. Das Wissen, wem welches Grundstück zu welchem Preis gehört, könne Akteuren auf dem Bodenmarkt helfen, in ein Geschäft einzusteigen, bevor der Verkauf hinter verschlossenen Türen geschieht.

Ein Lichtblick ist laut Jörn Luft, dass gerade auch Kommunen das gute alte Erbbaurecht entdecken. Das Gebäude des Mannheimer Projekts Viertel 8 steht auf Boden, der von der Stiftung trias nach diesem Recht an die Hausgemeinschaft vergeben wurde, wodurch das Grundstück für mehr als 90 Jahre vor Spekulation geschützt ist.[9] Inzwischen hat sich die Stadt Mannheim vom Beispiel Viertel 8 inspirieren lassen und will einem neuen Projekt den Boden ebenfalls im Erbbaurecht überlassen. Klassischerweise werden ein Grundstück und das Gebäude, das sich darauf befindet, zur rechtlichen Einheit. Das Erbbaurechtsgesetz ermöglicht es jedoch, dass ein Bauwerk und das Grundstück, auf dem es steht, juristisch getrennt werden. In ihrem Aufsatz »Das Erbbaurecht als Beitrag zum gemeinschaftlichen Wohnungsbau in Deutschland« beschreibt Cilia Lichtenberg die Geschichte dieses Instruments, das auch Baugemeinschaften und Genossenschaften helfen kann, wieder zu bezahlbaren Grundstücken zu kommen.[10] In der Antike und im Mittelalter – so weit reichen die Vorläufer des Erbbaurechts zurück – gehörten Grund und Boden zwar nicht allen, aber sie waren unverkäuflich. Das Wachstum der Städte im 18. und 19. Jahrhundert führte zum rasanten Verkauf von städtischem Boden. (Just zu der Zeit also, in der sich der Utopist Fourier und andere Gedanken darüber machten, wie aus dem gemeinschaftlichen Wohnen eine bessere Gesellschaft entstehen könnte.) Grund und Boden wurden teurer und damit stiegen auch die Mieten. Gleichzeitig entstand eine intensive Diskussion darüber, wie eine gerechtere Bodenpolitik aussehen könnte. Der Deutsche Bund für Bodenreform sah Ende des 19. Jahrhunderts in der »Grund- und Bodenfrage den wesentlichen Teil des sozialen Problems« und forderte eine Besteuerung und Verpachtung von Boden, die in der Verfassung verankert werden sollte.

1900 wurde ein rudimentäres Erbbaurecht zum ersten Mal im Bürgerlichen Gesetzbuch festgeschrieben. Seit 2007 gibt es in Deutschland das »Erbbaurechtsgesetz«.

Bei der Vergabe ihrer knappen Grundstücke setzen Kommunen wie Hamburg verstärkt auf das Erbbaurecht. Außerdem verknüpfen sie die Vergabe mit der Verpflichtung, auf dem kostbaren Grund gemeinnützig zu bauen. Die sogenannte Konzeptvergabe wirkt dabei wie eine Art Sieb: Es werden nur Gemeinschaften ausgewählt, die besonders hohe soziale und ökologische Standards erfüllen. Eigentlich eine vollkommen nachvollziehbare Auswahl. Doch der Wettlauf um die letzten innenstadtnahen Grundstücke kann auch zur Überforderung führen. »Die Gruppen bieten mehr an, als sie leisten können«, sagt die Stadtsoziologin Ingrid Breckner. »Weil sie wissen, dass sie nur so an das Grundstück rankommen.« Und offenbar sind auch nicht alle Gruppen gefeit vor den Verlockungen des Geldes. In den letzten Monaten habe sich herumgesprochen, dass in der HafenCity, Hamburgs neuem Vorzeigestadtteil im Schatten der Elbphilharmonie, Baugemeinschaften ihre Wohnungen heimlich weiterverkauft hätten, ohne die Stadt darüber zu informieren. Viel mehr ist im Sommer 2022 noch nicht bekannt. Breckner, die bis zu ihrer Pensionierung an der HafenCity Universität Hamburg lehrte, soll das Ganze jetzt untersuchen. Klar ist jetzt schon: Den Baugemeinschaften, die offenbar heimlich ihre Wohnungen weiterverkauft haben, wurden Grundstücke zu Vorzugskonditionen überlassen. Die Stadt brauche neue Kontrollmechanismen, um so etwas zu verhindern, sagt Breckner. Und fügt trocken hinzu: »Je angeheizter der Markt ist, desto größer ist die Verlockung, wenn man nach zwei, drei Jahren eine Verdopplung des Preises realisieren kann.«

Gehen wir aber mal davon aus, dass die meisten Projekte ihre Ideale nicht nach ein paar Jahren einfach in den goldenen Böden verbuddeln, auf denen sie gebaut haben. Sie kaufen ein Grundstück oder eine Kommune überlässt es ihnen im Rahmen des Erbbaurechts. Die Sektkorken knallen. Fantastisch! Eine unbebaute Fläche ist eine große Verheißung, ein Ort der Möglichkeiten. Doch diese Offenheit ist zugleich auch die nächste große Herausforderung: Wie verteilt eine Gemeinschaft den Platz, den sie jetzt bebauen darf? Auf Dauer, das sagen alle Gruppen, bleibt ein Projekt nur lebendig, wenn es Räume gibt, in denen man sich begegnen und austauschen kann. Gleichzeitig braucht jeder Mensch einen Rückzugsort für sich. Aber wo verläuft die Grenze zwischen privatem und nicht-privatem Raum? Wie viel Quadratmeter braucht man für sich selbst, wie viel Quadratmeter braucht die Gemeinschaft? Und müssen diese beiden Sphären strikt voneinander getrennt sein oder können sie ineinander übergehen? Der Architekt Rolf Spille aus Kapitel 2 (»Große Erwartungen«), der Anfang der 1970er das Wohnhaus in Hamburg-Steilshoop gemeinsam mit der künftigen Bewohnerschaft entwickelt hatte, erinnert sich: Nach dem Projekt Steilshoop wollte er die Idee der Partizipation weitertreiben und plante gemeinsam mit Kindergartenkindern einen Garten und einen Bauspielplatz. »Und das erste, was die Kinder gemacht haben: Sie haben sich Bretter gesucht und damit ihre eigenen Parzellen abgesteckt«, sagt Spille und lacht. Wenn der Wille zum eigenen Revier schon in der Kindheit so ausgeprägt ist: Wie stark ist er dann bei Erwachsenen und wie beeinflusst er die Grundrisse, die man gemeinsam bewohnen will? Und, um die Sache noch komplizierter (und spannender) zu machen: Was passiert, wenn die Gemeinschaft sich mit den Jahren und Jahrzehnten verändert? Wenn Kinder ausziehen, Partner oder Partnerinnen sterben oder sich trennen, neue Menschen dazukommen? Verändert das Haus sich mit? Passt es sich dem Leben derer an, die in ihm wohnen? Oder müssen sich umgekehrt die Menschen mit den Grundrissen arrangieren, die vor 10, 20, 30 Jahren festgelegt wurden? Das ist nicht nur eine Frage des persönlichen Komforts. Die Art, wie wir alle (oder fast alle) bauen und wohnen, hat einen massiven Einfluss auf das Klima. »Der Gebäudesektor verursacht weltweit 39 Prozent des gesamten Energieverbrauchs, sowie 53 Prozent des Mülls in Deutschland«, schreibt der Verein Architects for Future, der sich für nachhaltiges Bauen einsetzt.[11] Das Umweltbundesamt weist darauf hin, dass die Wohnfläche in Deutschland immer weiter zunimmt, während die Hausstände im Schnitt immer kleiner und die

Einpersonenhaushalte immer häufiger werden. Jeder bewohnte Quadratmeter Fläche muss beheizt, beleuchtet und möbliert werden – mit dem entsprechenden Aufwand an Energie und Ressourcen. »Ziel muss es sein, knappe Flächen nachhaltig und umweltschonend, ökonomisch effizient und sozial gerecht mit Rücksicht auf künftige Generationen zu nutzen«, fordert die Behörde.[12]

Im Münchner Stadtteil Riem hat eine junge Genossenschaft ein Haus gebaut, das auf alle diese Fragen und Forderungen neue Antworten geben soll. 2022 wurde es mit dem Preis des Deutschen Architekturmuseums in Frankfurt ausgezeichnet. »Bestes Bauwerk des Jahres in Deutschland« darf es sich nennen. »Höchst innovativ«, sei das Gebäude, eine »aufregende Lösung für die uns überall Sorgen bereitenden Wohnungsbauprobleme«, befand die Jury. Das San Riemo sei ein Haus, das das Lebensglück aller fördern werde. In den nächsten beiden Kapiteln geht es darum, wie dieses Haus entstand. Und wie man heute darin lebt.

6

»Wir machen es trotzdem!«

Am Anfang war der Frust. »Man muss sich nur anschauen, was gebaut wird und wie es an den Bedürfnissen der Menschen vorbeigeplant ist«, sagt Reem Almannai. Zynisch sei es, was in Deutschland teilweise an Wohnraum angeboten wird. Ihr Partner Florian Fischer nickt. »An einer nachhaltigen, ökologischen, sozialen Wohnraumversorgung ist die Immobilienindustrie komplett gescheitert. Es wäre besser gewesen, diesen ganzen Boom hätte es nicht gegeben, und wir hätten versucht, irgendwie anders zusammenzuleben.« Die beiden wissen, wovon sie reden. Sie sitzen in ihrem Architekturbüro, als ich sie zum Zoom-Interview treffe. 2015 haben sie in München die Kooperative Großstadt mitgegründet. Das preisgekrönte San Riemo ist das erste realisierte Projekt der Genossenschaft, zwei weitere sind gerade in Arbeit. Die Kooperative Großstadt (KooGro) unterscheidet sich von der Genossenschaft »Dorf Hitzacker« und vermutlich von allen anderen jungen Baugenossenschaften in einem zentralen Punkt: Sie wurde zur großen Mehrheit von Architektinnen gegründet. Eine Art Selbstermahnung soll sie sein: »Als Architekt mit einem Gefühl für gesellschaftliche Verantwortung dürfte man für einen Großteil dieser Immobilienindustrie eigentlich nicht mehr arbeiten«, sagt Florian. Es ist eine Industrie, die immer weiter nach Schema F verfährt, schlicht, weil es sich lohnt.[1] »Gerade in München, aber auch in vielen anderen deutschen Städten«, sagt mir später Markus Sowa vom Vorstand der KooGro, »muss sich kein Bauträger anstrengen, die Wohnungen werden ihm eh aus den Händen gerissen. Es gibt keinen Anlass, sich Gedanken über eine angemessene Wohnung zu machen, die den Lebenswirklichkeiten und Lebensstilen der Bewohnerinnen auch entspricht.« Die KooGro, erzählt Florian Fischer, ist irgendwann aus einer Reihe von gescheiterten Versuchen heraus entstanden. Ein erster Plan, als großes Architektinnen-Kollektiv gemeinsam mit der Stadt München ein Wohnungsbauprojekt zu starten, sei »total gegen die Wand gefahren«. Die Wand bestand offenbar aus dem Misstrauen der zuständigen Behörden. »Der tollste Ausspruch eines Beamten war: ›Wenn wir irgendwas anders machen und dann auch noch mit euch: Wer sagt uns denn, dass es gelingt und dass es besser wird?‹« Irgendwann hat die Stadt es sich aber offenbar anders überlegt. Junge Genossenschaften würden in München inzwischen in einer Weise gefördert, die in Deutschland einzigartig sei, sagt Florian. Außerdem hatten sie Paten. »Ein ganz aktiver Genossenschaftsmensch hat zu uns gesagt: ›Jetzt macht mal!‹« Die KooGro kaufte ein Grundstück von der Stadt und schrieb einen Wettbewerb aus, aus dem dann das San Riemo entstehen sollte. Der zentrale Gedanke: Auf dem 1.200 Quadratmeter großen Areal im Münchner Osten sollte ein »atmendes Haus« entstehen. Die Jurysitzungen fanden zum Teil öffentlich statt – auch das ist in Deutschland nicht üblich. Der Gewinnerentwurf wurde aus Kostengründen nicht umgesetzt. Die Zweitplatzierten kamen zum Zug: Florian Summa und Anne Femmer, ein junges Architektenpaar aus Leipzig. Das Haus, in dem sie selbst leben und arbeiten, war ein Vorbild für das San Riemo. Eine Wohnung ist für Florian Summa und Anne Femmer kein fester Zustand und auch kein Konsumprodukt. Sondern etwas, das sich bewegt und verändert, und an dem man selbst permanent arbeitet.

Die Treppe zum Beispiel. »Die hat irgendwann zu DDR-Zeiten irgendwer rausgerissen und verfeuert. Das war ja gutes Brennholz«, erzählt Florian Summa. Auf dem Arm trägt er seine drei Monate alte Tochter, während er mich durch das Gründerzeithaus im Süden von Leipzig führt. »Fertig ist bei uns relativ«, sagt der junge Vater. Die Treppe haben er und seine Frau Anne neu gezimmert, zusammen mit einem befreundeten Nachbarn und ihrem syrischen Bauhelfer, der sich sein

Handwerk in der alten Heimat selbst beigebracht hat. Stockwerk für Stockwerk bauen sie das Haus aus, das ihnen vor ein paar Jahren fast geschenkt wurde, so verfallen war es, erzählt Florian. Im Erdgeschoss das Architekturbüro, grob gemauerte, weiß gestrichene Wände und große Fenster, durch die man die Altbauten auf der anderen Straßenseite sieht. Ein gußeiserner schwarzer Ofen heizt den Raum im Winter, das Holz lagert im Garten. Im ersten Stock liegt die Wohnung der jungen Familie. Der zweite und dritte Stock warten noch darauf, zu neuem Leben erweckt zu werden. Die Räume der Familie sind schlicht, hell, reduziert. Es ist diese Art von geschmackvollem Do-it-yourself-Wohnen, das manchen Leuten sofort einleuchtet und andere abschreckt: »Das ist doch keine richtige Wohnung!« Das Bad, sagt Florian, während er mit einer Hand ein Fläschchen für seine Tochter vorbereitet, könnten sie morgen schon zum Kinderzimmer machen. Sie wissen ja jetzt, wie man eine Badewanne anschließt.

Reduktion und Flexibilität – das waren auch die Prinzipien, als Florian und Anne mit ihrem Büro Summa cum Femmer das San Riemo entworfen haben. Es war ein Gemeinschaftsprojekt mit der Architektin Juliane Greb und ihrem Partner Petter Krag aus Gent. Ihr erster großer Auftrag. Und eine ganz andere Herausforderung als ein Einfamilienhaus: 29 Wohnungen für eine fast hundertköpfige Gemeinschaft sollten sie bauen, die bei der Entstehung des Hauses mitreden wollte. Und diese Wohnungen sollten nicht dem Standard entsprechen, sondern das Wohnen neu erfinden. Zitat aus der Auslobung zum Wettbewerb:

> »Es wird die Frage nach einem angemessenen Wohnen gestellt, welches den diversen Lebenswirklichkeiten von Großstadtbewohnern entsprechen kann. Das Interesse liegt nicht in einer vereinheitlichenden Antwort auf diese Frage, sondern vielmehr darin, unterschiedliche Wohnformen für unterschiedliche Bedürfnisse zu ermöglichen. Im Haus sollen verschiedene Wohnszenarien abgebildet werden, die von konventionell gedachten Wohnungen bis hin zur Auflösung der klassischen Wohneinheit reichen.«

Mit anderen Worten: Tradition und Revolution unter einem Dach. Neben Wohnungen, die dem herkömmlichen Muster entsprechen, sollten Räume entstehen, die sich immer wieder neu verteilen und umwidmen lassen. Da wünschte sich die KooGro zwei Typen: Im sogenannten Filialwohnen sollte es Wohnungen geben, die für sich stehen, bei denen sich aber verschiedene Parteien einen Gemeinschaftsraum teilen – zusätzlich zu einer großen Fläche im Erdgeschoss, die für die gesamte Bewohnerschaft da sein sollte. Und im radikalsten Modell, dem sogenannten Nukleuswohnen, sollten die Wohnungen, die jede Partei für sich nutzt, auf den Kern reduziert sein, also Küche, Badezimmer und Schlafräume, während alle anderen Räume umgewidmet und weitergegeben werden können.

Flexible Grundrisse mussten die Büros SummacumFemmer und Juliane Greb schaffen, für eine Gruppe, die sich schon während der drei Jahre des Planens und Bauens veränderte, weil Menschen die Genossenschaft verließen und andere dazukamen. Diese Veränderung wird weitergehen – eine Tatsache, die beim Entwerfen mitgedacht werden musste. Und zu guter Letzt sollte dieses Haus sich nicht nur einer sich verändernden Gruppe anpassen können, sondern auch die richtige Balance zwischen privatem und gemeinschaftlich genutztem Raum schaffen. Und das alles im Rahmen verschiedener Förderrichtlinien, denn ein Teil der Wohnungen im San Riemo wurde mit öffentlichen Geldern gebaut.

Zurück nach Leipzig, ins Haus von Florian und Anne. Trotz der komplizierten Ausgangslage, oder gerade deswegen, sind die Architektinnen das Projekt spielerisch angegangen. »Wir hatten die Prämisse: Das macht nur Spaß, wenn man eine Idee ausprobieren kann«, sagt Anne. Florian und Anne sitzen beim Interview nebeneinander in ihrem Büro, ein paar Kolleginnen arbeiten nebenan an neuen Entwürfen. Es gibt grünen Tee aus einer zierlichen gläsernen Kanne. Aus dem Garten weht eine sommerlich warme Brise herein. Die kleine Tochter liegt erst noch auf Annes Arm, später schlummert sie draußen im Kinderwagen. Sowohl Anne und Florian als auch Juliane Greb und ihr Partner Petter Krag bekamen während der Arbeit am San Riemo Kinder. Die Kinderbetreuung haben sich die Väter und Mütter geteilt, während sie das Münchner

Wunderhaus entwarfen und die Entwürfe immer wieder mit der künftigen Bewohnerschaft diskutierten. Die vierköpfige Familie, für die in Deutschland seit Jahrzehnten gebaut wird, diese scheinbar gottgegebene Konstellation, an der sich seit den hochfliegenden Wohnträumen von Charles Fourier die Projekte abarbeiten – sie sollte im San Riemo nicht die Grundrisse bestimmen. Florian und Anne ergänzen sich gegenseitig, fallen sich auch manchmal ins Wort oder fragen sich: »Wie war das nochmal ...?« Das San Riemo beschäftigt sie weiter. Dabei wirkt es nicht so, als wollten sie ihr preisgekröntes Projekt als eine Art Elbphilharmonie des gemeinschaftlichen Wohnens vor sich hertragen. Florian ist gespannt, wie sich das Ganze weiterentwickelt: »Uns geht es nicht um eine Architektur, die wir hier im stillen Kämmerlein aufzeichnen und dann so übergeben und sagen: ›Es bleibt für alle Ewigkeiten so, wie es ist! Bitte arrangiert euch damit!‹ Oder das Gegenteil: ›Es interessiert uns auch nicht mehr, wie sich das verändern kann. Macht doch, was ihr wollt.‹«

Die Idee zum Grundriss klingt erst einmal nach Gleichförmigkeit statt Innovation. Florian zeigt den Plan auf seinem Rechner: »Der Grundriss ist dreischiffig, und es gibt nach außen einzelne Räume, die dann immer in Achsen unterteilt sind, und jede Kammer hat die gleiche Größe.« Diese Gleichförmigkeit ist der Ausgangspunkt für Vielfalt: Wo innerhalb der Kammern tatsächlich Wände gebaut werden, entscheiden die Menschen, die in den Wohnungen leben. Außerdem sind die Räume gleich groß. »Die Grundrisse versuchen, ein klassisches Familienmodell zu vermeiden«, sagt Anne, »und möglichst offen zu sein. Das haben wir im Wettbewerb gleich betont: Es gibt kein Kinderzimmer von elf Quadratmetern und ein Elternschlafzimmer von 14 Quadratmetern.« Der Grundriss des Leipziger Gründerzeithauses, in dem die beiden leben und arbeiten, war eine Inspiration für das San Riemo, denn die Räume in ihrem Haus, erzählt Anne, hätten im Lauf der Jahrzehnte ja auch immer wieder die Funktion geändert.[2]

Keine Raum-Hierarchie innerhalb der Wohnungen also. Und keine Hierarchie zwischen dem Architekturbüro und den Bauherrinnen auf der einen und der Bewohnerschaft auf der anderen Seite, nach dem

Motto »Nimm die Wohnung, die wir gebaut haben, oder such dir halt was anderes ..., wenn du es findest.« Klar, nicht alle Entscheidungen konnte die Bewohnerschaft allein fällen. Aber zentrale Fragen wurden gemeinsam beantwortet. Anne und Florian erklären, wie die zukünftigen Bewohner in die Konzeption der Räume einbezogen wurden. Das geschah in zwei Schritten. Um mit allen über die Wohnungsgrößen diskutieren zu können, druckte die KooGro die Pläne für die Geschosse groß aus. »Die Bewohner:innen haben dann die Wohnungsgrößen in mehreren Varianten ausgehandelt und mit Klebestreifen markiert«, sagt Florian. Anschließend ging es an die Planung der einzelnen Wohnungen. »Wir haben ihnen Ausschneidebögen geschickt«, erinnert sich Anne. »Wir haben ein Set vorbereitet, mit – je nach Quadratmetergröße – einer minimalen Anzahl von Zimmern, die sie sich einrichten müssen. Mit diesen Ausschneidebögen haben sie sich auf einem leeren Plan die Wände eingerichtet und Möblierungen getestet.« Teilweise, sagt Anne, wurde schon in dieser Phase »ein bisschen gedealt mit den künftigen Nachbar:innen«. *Habt Ihr noch ein Zimmer übrig, das Ihr vielleicht nicht braucht?* Natürlich, sagt sie, sei das mit der Flexibilität nicht so gemeint, dass Leichtbauwände alle zwei Jahre wieder herausgerissen werden. Tatsächlich wurde aber schon während des Bauens die eine oder andere Wand, die bereits stand, wieder entfernt. Work in progress eben.

Und dann war da die Sache mit der großen Halle im Erdgeschoss. Die allermeisten herkömmlichen Wohnhäuser haben einen sehr funktionalen, um nicht zu sagen tristen Eingangsbereich, der den Bewohnern zu sagen scheint: »Mach, dass du zu deiner Wohnung kommst!« Im San Riemo sollte das anders sein, und zwar gleich in doppelter Hinsicht. Im Erdgeschoss sollte nicht nur ein Ort zum Reden und Feiern für die Bewohnerinnen des San Riemo entstehen. Es sollte auch ein Raum sein, der sich zum Viertel hin öffnet. Um diesen Eindruck zu verstärken, haben sich Summa, Femmer und Greb für einen Bodenbelag entschieden, der nicht alle Bewohnerinnen in Verzückung versetzte: Betonplatten. Florian erinnert sich:

»Für uns war das bei der Planung ein sehr öffentlicher Bereich, dieses Erdgeschoss. Das ist wie eine Verlängerung der Stadt ins Haus hinein, wie eine innere Straße. Wir haben da nie diese Art von Hotellobby gesehen, wie sich das, glaube ich, viele Bewohner:innen vorgestellt hatten: Was Gemütliches! So wie wir es dann umgesetzt haben, hat man schon mehr das Gefühl, man ist auf dem Bürgersteig, als im eigenen Haus. Das hat für einen Haufen Diskussionen gesorgt, weil viele eben was viel Wohnlicheres hätten haben wollen.«

Auch was die Wohnungen selbst angeht, spielen alte Gewohnheiten eine Rolle. »Man muss natürlich schon ein bisschen zurücktreten, was Normen und Komfort angeht«, sagt Florian. »Wenn meine Wohnung von der nächsten nur durch eine Tür getrennt ist, dann höre ich natürlich ein bisschen was von denen. Das ist nicht so, dass der Nachbar verschwindet, nur weil ich die Tür zumache.« Inzwischen gebe es erste Versuche, bei der Schallisolierung ein bisschen nachzurüsten, zum Beispiel mit Matratzen. Das sei ja auch okay. Anne erinnert sich an ihre eigenen Wohnerfahrungen, bevor sie mit Florian zusammen in das Haus an der Dieskaustraße gezogen ist: »Ich kenne das so, dass mein Heizungsrohr durch die Wand direkt zum Nachbarn läuft und ich im Zweifelsfall noch durchgucken kann in seine Wohnung.«

Kurzer Abstecher nach Hamburg-Altona: Ich selbst kenne das aus dem Altbau, in dem ich seit mehr als 15 Jahren wohne. Es ist kein prächtiger, stuckbewehrter Kasten mit riesigen Zimmern. Ich vermute, er wurde Anfang des 20. Jahrhunderts für Singles wie mich gebaut, junge Herren am Beginn ihrer beruflichen Laufbahn. Nachdem ich meine neue Wohnung wochenlang renoviert hatte und endlich zur Ruhe kam, begann ich sie zu hören. Die anderen. Die Menschen über mir, unter mir, neben mir. Die Wände seien halt »scheißedünn«, sagte mir ein Nachbar. Ich solle mir Ohropax besorgen. Das habe ich dann auch getan. Und inzwischen macht es mir nichts mehr aus, den anderen beim Leben zuzuhören. Manchmal finde ich es sogar ganz beruhigend. Es ist alles eine Frage der Gewöhnung. Aber wenn das Altvertraute zum ersten

Mal infrage gestellt wird, dann wird es eben kompliziert. Nicht nur für die Menschen, die in den Räumen leben, sondern auch für die zuständigen Behörden. Das San Riemo wurde von der Stadt München gefördert. Und wer sich ein bisschen mit deutscher Bürokratie auskennt, ahnt, was das für die Planung eines Hauses bedeutet, in dem alles anders sein soll als anderswo. »Wenn eine Behörde nicht mehr weiß, wo eine Wohnung anfängt und wo sie aufhört, dann wird sie nervös«, sagt Florian. »Sobald ich die Grenzen der Wohnung infrage stelle, stelle ich auch alle Gesetze, die damit zusammenhängen, infrage.« Zum Beispiel beim Brandschutz. Zum Glück hatte das Projekt einen sehr guten Brandschutzplaner, erzählt Florian. Der habe ein Konzept erstellt, das auch sogenannte »Abweichungen« von den gesetzlichen Regelungen enthielt. Er überlegte sich die entsprechenden »Kompensationsmaßnahmen«, zum Beispiel automatische Türschließer, damit sich ein Feuer nicht über das ganze Geschoss hin ausbreiten kann. »Ein riesiger Aufwand natürlich, der sich aber sicherlich gelohnt hat«, sagt Florian.

Aber in einem Wohngebäude ohne festgelegte Grenzen könnte sich nicht nur Feuer anders ausbreiten als in klassischen Häusern, wenn man keine besonderen Maßnahmen trifft. Sondern auch die Menschen, die dort wohnen. Die Stadt wollte vermeiden, dass dank der flexiblen Grundrisse 300 Quadratmeter große Lofts entstehen, in denen dann nur wenige Personen leben, sagt Anne. Das sei ja auch verständlich. »Aber um neue Wohnformen auszuprobieren, darauf sind die Förderrichtlinien sicher nicht ausgelegt gewesen. Auf alle Fälle nicht in München.«[3]

Diskussionen mit dem Gestaltungsbeirat für München-Riem rundeten das Paket der Kompliziertheiten ab. Anne erinnert sich: »Da mussten wir das Projekt vorstellen, und das ist nicht gut angekommen.« Erst sei die Fassade bemängelt worden. Sie sei nicht repräsentativ genug, hieß es. »Und dann ging es um das ganze Projekt: Die Küchen seien zu dunkel. ›Da kann ich in zehn Minuten was Besseres entwerfen!‹, habe einer der Architekten gepoltert. »Das ist dann schon in eine Art Generationenkonflikt ausgeartet, wo uns alte weiße Männer erklärt haben, wie man baut.« Florian imitiert eine sonor-behäbige Stimme: »Ich möchte Ihnen einen väterlichen Rat geben: Machen Sie sowas niemals! Und wir haben uns gesagt: ›Wir machen es trotzdem!‹«

Drei Jahre haben die beiden am San Riemo gearbeitet. Drei Jahre Diskussionen, Präsentationen, Kompromisse, Kreativität und Kämpfe. Am Ende unseres Gesprächs wird klar: Um diesen Auftrag zu stemmen, haben sie auch die Grenzen zwischen diesem Projekt und anderen »Jobs«, wie Florian es nennt, aufheben müssen. Anders wäre es nicht gegangen:

> »Du kommst dann natürlich schon zu der Erkenntnis: Krass, jetzt hast du dieses Haus gebaut, und das müsste natürlich laut Architektenvertragsordnung ein gewisses Honorar ausspucken – und du stellst einfach fest: Das reicht irgendwie hinten und vorne nicht. Und dann denkst du, irgendwie müsste man der Genossenschaft, die sich ja für bezahlbaren Wohnraum einsetzt, noch viel mehr Geld abziehen. Oder wir könnten das nicht machen, oder wir müssten andere Sachen machen, normalen Wohnraum zum Beispiel. Oder eben durch unsere Jobs als Dozent:innen unser Büro querfinanzieren, wo sich dann irgendwie alles miteinander vermischt, und wo du denkst: Ja, so okay ist es auch nicht! Aber uns fällt halt auch gerade keine bessere Lösung ein.«

Dabei wirken die beiden erstaunlich ruhig und entspannt. Ob das San Riemo ein Modell für ganz Deutschland ist? Florian sieht das nicht so: Zu kompliziert, zu unterschiedlich seien sie, die Ausgangslagen bei jedem neuen Projekt. Die Bauordnung in München sieht anders aus als die in Hamburg. Und dann sind da natürlich die ganz unterschiedlichen Erwartungen und Bedürfnisse der Menschen, die sich ein neues gemeinsames Haus bauen lassen. »Das San Riemo«, sagt Florian, »ist nicht das eine Rezept für die Zukunft. Es soll vielmehr zeigen: Es gibt eine Million von ganz anderen Arten, wie man wohnen könnte!« Ich fahre nach München, um mir diese eine Art genauer anzuschauen. Und als ich ankomme, ist gleich klar: Das San Riemo ist der FC Bayern unter den Projekten, die ich besucht habe. Zumindest was die Aussicht angeht.

7

Wohnen im Wunder

Der Blick von der 150 Quadratmeter großen Dachterrasse des San Riemo ist unschlagbar. Die Stadt mit den höchsten Mieten Deutschlands[1] ist nur noch eine hübsche Silhouette unter einem sommerlich blauen Himmel und in der Ferne kann man die Ausläufer der Alpen sehen. Die bayerische Sonne scheint herab auf eine Photovoltaikanlage. Ein frischer Wind weht und in großen Holzkästen freuen sich Blumen und Gemüse, dass sie hier wachsen dürfen. Es war nicht so einfach, einen Termin mit einer Bewohnerin des Projekts zu bekommen. Nach immer neuen Interessierten, die durch das preisgekrönte Haus gezogen sind, hat sich in der Gemeinschaft eine gewisse Pressemüdigkeit breit gemacht. Aber Anja, die im Wunderwerk San Riemo wohnt, ist bereit für meine Fragen, und sie hat ein paar Scheiben Honigmelone mitgebracht.[2] Sie habe schon immer lieber zusammen mit anderen als alleine gelebt, erzählt sie. Eine Ausnahme gönnte sie sich, als sie nach dem Studium wegen der Arbeit in eine Kleinstadt zog. »Da wäre ich gar nicht auf die Idee gekommen, mit jemandem zusammenzuwohnen. Vielleicht war es aber auch so, dass ich dachte: Jetzt habe ich endlich mal das Geld und kann mir so 'ne tolle Wohnung leisten!« Anja lacht. Später hat sie eine Familie gegründet. Und 2015 wurde alles anders.

»Ich hab mich von meinem Partner getrennt. Ich habe zwei Kinder, war aber zum Teil auch immer alleine, wenn die Kinder bei meinem Ex-Partner waren. Ich hab außerhalb von München gewohnt, ich kannte Leute, aber ich stelle mir unter meinem Leben was anderes vor. Ich möchte, auch mit Blick darauf, dass meine Kinder irgendwann mal nicht mehr bei mir sind, nicht ganz alleine leben, unabhängig davon, ob es jetzt vielleicht irgendwann nochmal einen Partner gibt oder nicht.«

Neben alleinerziehenden Müttern wie Anja und Kinderlosen leben auch viele junge Familien im San Riemo. Anja hat sich für das sogenannte Filialwohnen entschieden, das Modell, bei dem sie sich einen Gemeinschaftsraum mit anderen teilt. Dieser Raum kann alles sein: Wohn- oder Esszimmer, Yogastudio oder Tobezimmer für die Kinder. Vier Familien mit kleinen Kindern haben sich ebenfalls auf dieses Experiment eingelassen.

Viele junge Eltern in Deutschland blenden den Gedanken an die Tatsache aus, dass sie eines Tages zu zweit in einer viel zu großen Wohnung sitzen werden, sagt Anja. Ihre Töchter sind 11 und 14 Jahre alt, es wird also noch ein paar Jahre dauern, bis sie ausziehen. Aber diese Zukunft hat sie bei ihrer Wohnentscheidung schon eingeplant. Sie will ein oder zwei Zimmer abgeben können, wenn die Töchter nicht mehr bei ihr sind. Aber Anja denkt noch weiter: Wie wird es sein, wenn die vielen Kinder im San Riemo, die jetzt vier oder fünf Jahre alt sind, in 15 bis 20 Jahren relativ gleichzeitig ausziehen? Die Möglichkeit, Zimmer abzugeben und umzuwidmen, sind die Bedingung dafür, dass das San Riemo sich den veränderten Lebensumständen der Menschen anpasst. Nur müssen die Lebensumstände der Menschen und ihre Vorstellungen davon, was eine angemessen große Wohnung ist, auch irgendwie alle zusammenpassen, damit das Konzept des atmenden Hauses aufgeht. »Aber gut«, sagt Anja, »dann muss man weiter schauen, was dann passiert.«

Die Kooperative Großstadt, die das San Riemo gebaut hat, ist nicht die einzige Genossenschaft in München, bei der Anja hätte Mitglied werden können. Aber sie war ihr auf Anhieb die sympathischste. Auch hier hat das Wohnen natürlich seinen Preis. 9,50 Euro kalt zahlt sie für den Quadratmeter. Im Dorf Hitzacker würden sie bei solchen Mieten auf die Barrikaden gehen. In München dagegen liegt Anjas Miete 10 Euro unter dem Durchschnitt. Sie hat aber auch eine Einlage von fast

50.000 Euro zahlen müssen, um Mitglied der Genossenschaft zu werden. Dafür musste sie einen Kredit aufnehmen, für den sie wiederum eine Bürgschaft von den Eltern brauchte. Anja ist ungefähr in meinem Alter. Es sei, sagt sie, das Los von vielen aus unserer Generation: Die Eltern haben mit Mitte dreißig ein Haus gebaut. Wir brauchen Kredite und Bürgschaften, um irgendwo zur Miete zu wohnen. Oder um uns einem Projekt anschließen zu können.[3] Dafür hat sie jetzt eine 75-Quadratmeter-Wohnung, aus der sie niemand rausschmeißen kann. Und sie hat zusätzlichen Platz, mehr, als jedes herkömmliche Mietshaus zu bieten hat.

»Der Punkt ist, dass ich hier einfach einen Mehrwert durch die Gemeinschaftsflächen habe. Ich kann auf die Dachterrasse gehen und habe dadurch eine unglaubliche Großzügigkeit. In der Lobby im Erdgeschoss kann ich Partys feiern. Sowas könnte ich mir anderswo niemals leisten, das geht nur in dieser Wohnform.«

Die »Lobby«? Eine Bezeichnung, die die Architektinnen des San Riemo wahrscheinlich zusammenzucken lässt, aber sie hat sich offenbar eingebürgert für den großen Gemeinschaftsraum im Erdgeschoss. Ich gehe durch eines der beiden bunten Treppenhäuser nach unten (die kräftigen Farben hat sich die Bewohnerschaft ausgesucht). Da sind sie, die berühmten Betonplatten, die Florian Summa und Anne Femmer durchgesetzt haben, um den Eindruck zu verstärken, dass der öffentliche Raum im San Riemo in den Wohnraum übergeht. Denn das soll das San Riemo auch leisten: durchlässig sein, nicht nur für die sich verändernde Bewohnerschaft, sondern auch für die Menschen im Viertel. Die Aussicht hier im Erdgeschoss ist natürlich nicht so spektakulär wie der Blick von der Dachterrasse. Dafür verblüfft die Tiefe des 180 Quadratmeter großen Raums. Ein paar Jungs flitzen auf ihren Rollern vorbei. »Im Winter«, hat Anja erzählt, »ist da eigentlich jeden Tag Rennbahn«. Und dass die Kinder während des Lockdowns hier einen Ort hatten, wo sie sich treffen konnten, während viele andere Kinder im Land isoliert zu Hause saßen. Auf einer Seite des Gemeinschaftsraums stehen Waschmaschinen. Nicht schamhaft versteckt, sondern selbstbewusst ausgestellt, wie in einem großen, architektonisch sehr ansprechenden Waschsalon. Anja nutzt sie, in ihre Wohnung würde überhaupt keine eigene Maschine passen. Ein Drittel der Menschen hier waschen ihre Wäsche ausschließlich im Erdgeschoss, hat sie ausgerechnet. Ein paar andere fänden es unhygienisch, ihre Kleider in derselben Maschine zu waschen wie die anderen – Anja kann das nicht verstehen: Was soll daran unhygienisch sein? Neben und über den Waschmaschinen türmen sich Kinderspielzeug und eine kleine Sammlung von Büchern mit dem Hinweis, die gelesenen Exemplare bitte wieder zurückzugeben. Gegenüber den Waschmaschinen laden Bänke zum Sitzen ein, es gibt eine kleine Gemeinschaftsküche zur Straße hin, und hinter einer Glasfront liegt die Holzwerkstatt, in der die Menschen, die im San Riemo wohnen, selber schreinern können. Auch Anja hat hier schon ein bisschen gewerkelt. Insgesamt bietet das San Riemo 205 Quadratmeter Gemeinschaftsfläche und 2.670 Quadratmeter Wohnfläche. Und wie viel Quadratmeter hat jeder Mensch hier im Schnitt für sich, also fürs ganz private Leben?

»Ungefähr 32 Quadratmeter, haben wir mal grob ausgerechnet«, sagt Markus Sowa vom Vorstand der KooGro. Aber diese Zahl sei ein wenig verfälschend, schränkt er sofort ein. Sie verändere sich. Es spielt zum Beispiel eine Rolle, ob mehr Singles oder Familien im San Riemo leben. Aber 32 Quadratmeter, das ist zumindest ein Richtwert. Zum Vergleich: Im Jahr 2021 lag die durchschnittliche Wohnfläche je Einwohner in Deutschland bei 47,7 Quadratmetern. Markus Sowa führt mich durch die … ja, okay, durch die Lobby. Bauland in München ist teuer. Trotzdem wurde hier nicht jeder Quadratmeter fürs Wohnen verplant. Sie haben auf Wohnungen im Erdgeschoss verzichtet, um zu verhindern, dass das Gebäude sich zur Straße hin zu sehr abschottet. Bei vielen Häusern in der Nachbarschaft seien tagsüber im Erdgeschoss die Rollläden unten. Nicht sehr einladend, findet der Architekt.

Viele haben sich auf das Experiment eingelassen, nicht *weil*, sondern *obwohl* es in Riem stattfindet. Tatsächlich ist das hier nicht die begehrteste Wohngegend in dieser begehrten Stadt. 20 Minuten braucht man mit der U-Bahn vom Marienplatz zur Haltestelle »Messestadt Ost«. Die Straßen heißen nach Schriftstellerinnen. Michael Ende ist hier ebenso verewigt wie Heinrich Böll, und das San Riemo liegt an der Elisabeth-Mann-Borgese-Straße – benannt nach Thomas Manns jüngster Tochter. Die Architektur in Riem ist weniger poetisch. Weiß verputzte, zweckmäßige Blöcke dominieren das Bild und scheinen dem Besucher zuzumurmeln: »Du kannst noch drei Kilometer weiterlaufen, anders wird's nicht.« Über einer Rasenfläche, die das Wohngebiet von einer viel befahrenen Straße und den riesigen Hallen der Messe München trennt, schwebt ein großes rotes Herz. Das Herz ist aus Metall, steht auf einer Art Laternenmast und hat einen eingebauten Bildschirm, über den Sätze laufen, vermutlich von Kindern und Jugendlichen aus der Nachbarschaft gesammelt: »I am courageous. I have no fear. I like to dance.« Und dann, auf Italienisch: »Io sono solo. Ich bin allein.« Das San Riemo trumpft in dieser Nachbarschaft nicht auf. Aber mit seiner Fassade aus weißem, teilweise recyceltem Wellblech und transparentem Kunststoff, hinter dem kleine Wintergärten liegen, mit seinen großzügigen Glasflächen im Erdgeschoss und der Farbkombination aus strahlendem Weiß, hellem Türkis und Schwarz zeigt es, dass man sich hier mehr Gedanken gemacht hat als bei vielen anderen Gebäuden in der Gegend.

Zurück in die Lobby. Darüber, wie sehr sich das Gebäude zur Nachbarschaft hin öffnen soll, gab es Diskussionen, erzählt Markus Sowa. Tatsächlich sei die Haustür in den ersten Monaten tagsüber immer offen gewesen. Dann habe es Schmierereien im Eingangsbereich gegeben und Gruppen von Jugendlichen seien auf der Dachterrasse aufgetaucht. Seither ist die Tür zu. Man muss jemanden im Haus kennen, um reinzukommen. Auch von der Idee, die Eingangshalle zum »halböffentlichen Bereich« zu machen und erst die Treppenhäuser, die zu den Wohnungen führen, abzuschließen, hat sich die Gemeinschaft verabschiedet. »Es gab ein Unwohlsein, dass die Grenzen dann nicht klar sind«, sagt Markus Sowa. Das klingt jetzt so, als sei aus dem Wunder der Offenheit, das die KooGro und die Architektinnen geplant hatten, dann doch eine Trutzburg geworden. Aber so einfach ist es nicht. Es ist,

wie immer beim gemeinschaftlichen Wohnen, alles viel komplizierter. Im San Riemo hat eine zehnköpfige Familie ihr neues Zuhause gefunden – in einer Stadt wie München, nein, eigentlich in jeder Stadt, die von teuren Standardwohnungen dominiert wird, ist das nicht weniger als ein kleines Wunder. Im ersten Stock gibt es eine Wohngruppe des Frauentherapiezentrums. Zehn Frauen, die an psychischen Erkrankungen leiden, haben dort einen geschützten Raum, um eigene Vorstellungen von Lebensmodellen zu entwickeln und auszuprobieren. Außerdem hat eine Stiftung im Erdgeschoss Räume gemietet, wo sie Kinder- und Jugendhilfe anbietet. Und als ich später an diesem Sommertag mit einer Bewohnerin vor der großen geöffneten Glasfront im Erdgeschoss sitze, wirkt das San Riemo deutlich einladender als alle anderen Gebäude in der Nachbarschaft.

Aber zurück ins Innere, zur Hausgemeinschaft und ihren Räumen. Anja ist so nett, mir ihre Wohnung zu zeigen, in der sie mit ihren beiden Töchtern lebt. 75 Quadratmeter. Ungefähr so viel, wie sie früher mit ihrem Partner und den Kindern hatte, aber dafür ganz anders geschnitten. Die Wohnungstür führt vom Treppenhaus direkt in die Küche. Das ist ein verblüffender Effekt, wenn man es gewohnt ist, beim Betreten einer Wohnung erstmal in einem mehr oder weniger neutralen Flur zu landen. An die Küche schließen sich drei Schlafzimmer und das Wohnzimmer an. Alle Zimmer sind gleich groß. Das hatten die Leipziger Architekten Florian Summa und Anne Femmer mir ja auf ihren Plänen gezeigt. Aber wenn man dann tatsächlich in einer Wohnung steht, ist es trotzdem eine Überraschung. »Unser Wohnzimmer ist genauso groß wie das Schlafzimmer«, erklärt Anja. »14 Quadratmeter. Das ist kein Standard. Aber wir haben eben auch noch ein gemeinsames Wohnzimmer«. Ein Wohnzimmer, das sie sich mit mehreren anderen teilt. Es liegt – und das ist eine Besonderheit bei ihrer Wohnung – ein Stockwerk tiefer. Woran das liegt?

»Wir sind sieben Wohnungen, wir teilen uns zwei Wohnzimmer, und wir sind übers Treppenhaus verbunden. Ich bin die Einzige, die nicht direkt an dem Wohnzimmer dranhängt. Einfach, weil es von der Konstellation nicht gepasst hat. Ich hätte das nicht gedacht, aber es macht total viel aus. Ich bin viel weniger in diesem Wohnzimmer, als ich mir das eigentlich vorgestellt hatte. Obwohl ich nur die Treppe runter muss und durch eine Tür. Aber es ist unglaublich, was für eine Barriere das ist.«

Vor der Entstehung der bürgerlichen Wohnung gab es in vielen Häusern Zimmer, die nie auf eine bestimmte Funktion festgelegt wurden. Ein bisschen ist das jetzt auch im San Riemo so, mit den großen Räumen, die sie sich teilen. Eine andere Bewohnerin erzählt mir, dass es »schon mal kracht« bei den Diskussionen darüber, wofür eine gemeinsam genutzte Fläche jetzt genau da sein soll, und welche Möbel darin stehen sollen. Ihr Fazit: »Robust, abwischbar und am liebsten nix drin! Oder wenig drin!« Das heißt aber nicht, dass die Räume nicht neue Möglichkeiten bieten. Anja erinnert sich an das letzte Weihnachtsfest.

»An Weihnachten waren meine Eltern da, da habe ich gesagt: Komm, wir feiern alle zusammen! Die anderen Wohnungen haben nämlich alle zusammen im Gemeinschaftsraum Weihnachten gefeiert. Aber meine Eltern konnten sich das gar nicht vorstellen. Hinterher dachte ich: Ich hätte das einfach machen sollen. Es wäre sicher total schön gewesen!«

Das San Riemo ist ein großes Raum-Experiment mit offenem Ausgang. Und Florian Fischer und Reem Almannai, die im Zoom-Interview die Immobilienindustrie so heftig attackierten und die KooGro mitgegründet haben, um alles anders zu machen, sind mit ihren beiden Kindern eingezogen, als Einzige aus der Gründungsgruppe der Genossenschaft, um sich diesem Experiment auszusetzen. Sie wollen beweisen, dass es tatsächlich funktionieren kann. Und falls es nicht funktioniert, wollen sie wissen, was sie beim nächsten Projekt anders, besser machen können. »Irgendwelchen Leuten das zumuten, was wir erfunden haben, das ist ein bisschen unfair«, sagt Florian. Reem nickt. Architekten erzählten der Bewohnerschaft gerne, dass dieses oder jenes neue Konzept ganz toll sei – »und selber wohnen sie dann in der Gründerzeitvilla, mit drei Meter hohen Decken und Holzparkett.« Wie sich das Wohnen im San Riemo denn jetzt für sie anfühlt, will ich von den beiden wissen. »Gut!«, sagt Reem knapp. Aber eigentlich ist ihr die Frage zu undifferenziert. »Du kannst uns nicht fragen: ›Seid Ihr glücklich? Ist es gemütlich?‹ Wir wohnen immer noch in einem totalen Provisorium, weil wir so viel für die Genossenschaft machen und noch gar nicht dazu gekommen sind, die Wohnung einzurichten.« Ihre Nachbarinnen hatten sich erstmal provisorisch eingerichtet und fangen jetzt an, neue Möbel zu kaufen, erzählt Florian. »Und deren Provisorien wandern dann in unsere Wohnung, weil wir immer latent unterversorgt sind«, sagt er lachend. Ihr Modell, das Nukleuswohnen, drohte im Planungsprozess unterzugehen. Die reduzierte Wohnform, bei der Räume immer wieder an andere abgegeben werden können, war von Anfang an die komplizierteste. Man habe doch auch ohne dieses radikale Modell schon genug Innovation, hieß es. Und so viele Türen zu den Nachbarn – die Idee scheint einigen nicht behagt zu haben. Aber Florian und Reem kämpfen weiter für die große Offenheit, auch jetzt. »Sobald wir von jemandem hören, da ist ein neuer Partner, der in München 'ne Wohnung sucht, sagen wir: Dann nehmt unser Schlafzimmer! Wir schlafen mit den Kindern in einem Zimmer. Das kriegen wir schon irgendwie hin!«, erzählt Reem. Solidarität – das ist nicht nur eine finanzielle Frage, wie im Dorf Hitzacker. Für Reem und Florian hat Solidarität auch mit Flächeneffizienz zu tun, also der größtmöglichen Sparsamkeit, was den eigenen Wohnraum angeht. Florian erfindet das Beispiel eines 80-jährigen Rentners: »Der sagt: ›Hey, ich sitze hier allein auf meinen 100 Quadratmetern. Und alle anderen aus meiner Familie sind nicht mehr da. Ab und zu kommt vielleicht noch ein Enkel zu Besuch.‹ Und zwei Stockwerke drunter wohnt 'ne vierköpfige Familie in einer Zweieinhalbzimmerwohnung. Und der Rentner sagt: ›Ich würde euch gerne alle Schlafzimmer geben! Aber an meiner Küche, an der hänge ich!‹« Dieser Rentner, so Florian, müsste im San Riemo nicht umziehen. Er könnte einfach ein paar Räume abgeben. »Das ist die Vision!«.

Ob sie in den nächsten Jahren und Jahrzehnten Wirklichkeit wird, hängt von vielen Faktoren ab. Die Eltern von Annette Schrimpf aus dem Mannheimer Projekt Viertel 8 (Kapitel 3 »Wie man ein Haus kauft«) hatten auch überlegt, ob sie nicht aus ihrer großen Wohnung ausziehen sollen. Dann kam die Coronapandemie. Sie fragten sich, ob sie die überleben würden – und gaben die Idee mit dem Umzug auf. Ich selbst habe nach Beginn des Krieges gegen die Ukraine für ein paar Wochen einen Geflüchteten aufgenommen. Er schlief auf meinem Sofa, und nach ein paar Tagen war mein Wohnzimmer nicht mehr mein Wohnzimmer, sondern sein Zuhause. Es war erstaunlich, wie schnell sich meine Vorstellung von der Fläche, die ich tatsächlich brauche, verändert hat. Aber das war eben eine Notlage (die immer noch nicht vorbei ist). Ich weiß nicht, ob ich auf Dauer bereit dazu wäre, meine 45 Quadratmeter zu teilen, wenn ich es nicht unbedingt muss. Wohnen und Gewohnheit – die beiden Wörter ähneln sich nicht ohne Grund.

Florian erzählt von einem Nachbarn, der jetzt schon sagt, dass er niemals in einer kleineren Wohnung leben will. Und auch in ein anderes der Projekte zu ziehen, die die KooGro gerade in München entwickelt, sei für ihn keine Option.

Dass sie selbst einen Teil ihrer Räume an andere abgeben, das sei streng genommen illegal, sagt Reem. Florian erklärt: »Die Förderbestimmungen sehen nicht vor, dass man in der Gemeinschaft aushandeln kann, dass eine Wohnung kleiner wird und die andere größer. Das ist ein Missbrauch von Förderung. Obwohl wir das Ziel haben, Fehlbelegung zu vermeiden, Fläche effizient zu nutzen.« Das sei eigentlich auch das Ziel der Förderung. Aber die will eben auch verhindern, dass mit öffentlichen Mitteln Lofts entstehen. »Es wäre schon legalisierbar, wenn die Genossenschaft bei jedem Zimmertausch wieder einen Antrag bei der Stadt einreicht«, überlegt Florian. »Aber dann wäre eben die Flexibilität weg.«

Das San Riemo ist nicht nur ein Wunder an Kreativität und Energie. Es ist auch ein gordischer Knoten aus vielen Strängen. »Förderbestimmungen« heißt einer davon. »Wohngewohnheiten und Ansprüche«, heißt ein anderer. »Bauverordnungen« heißt ein dritter. In den zuständigen Behörden brauche es Personen mit Vertrauen, sagt Florian: »Ihr habt Gutes im Sinn! Ihr seid nicht der böse Investor, der mich mal wieder reinlegen will.« Dieses Vertrauen hatte die Stadt, und die diversen Improvisationen, die im San Riemo stattfinden, hätten inzwischen auch genug offizielle Vertreterinnen gesehen, erzählt Reem, als ich frage, ob ich überhaupt aufschreiben darf, was sie machen. Aber ginge es nicht auch einfacher? Als ich Günter Bergmann vom Mietshäusersyndikatsprojekt umBAU² in Mannheim vom San Riemo erzähle, tut er das Projekt mit seinen flexiblen Grundrissen schnell als architektonische Spielerei ab. Man müsse einfach für möglichst niedrige Mieten sorgen und im Haus eine große Zahl von unterschiedlich großen Wohnungen anbieten. Dann bräuchte man keine verschiebbaren Wände und ausgeklügelte Wohnkonzepte. Was halten Reem und Florian davon? »Wenn die Leute bereit sind, ständig zu wechseln, dann ja«, sagt Florian. »Das deckt sich aber nicht mit unseren bisherigen Erfahrungen.«

»Es gibt keine pauschale Antwort«, findet Reem. »Es hängt von so vielen Faktoren ab: von der Anzahl der Wohneinheiten. Vom Anspruchsdenken der Menschen. Wenn jemand sagt: ›Ich hab meine Ikea-Küche jetzt hier eingebaut und die bleibt für die nächsten 30 Jahre, und alle Flecken in dieser Küche haben von mir zu stammen!‹ – dann wird es schwierig mit dem ständigen Umziehen.« Die Mitglieder des linken Mietshäusersyndikats hätten aber eine »losere Beziehung zu Dingen und Eigentum«, sagt Reem. »Und dann ist das eine tolle Option zu sagen: Ich brauche keine teuren Schallschutztüren für Räume, die immer wieder umgewidmet werden. Ich kann mir die ganze Technik für Brandschutz sparen. Aber das ist nicht die pauschale Antwort!« Ihr Mann widerspricht: »Als Ideal kann man es schon gegenüberstellen! Runter vom Ross der Bequemlichkeit! Was ist die klügste Form, damit jeder gut versorgt ist? Und was ist der Preis?« Er und Reem seien jedenfalls nicht ins San Riemo gezogen, um eine schöne Wohnung zu haben. Wohnen ist für sie ein lebenslanges Experiment: »Dadurch, dass wir eigentlich Aktivisten sind und uns eh die ganze Zeit neu stimulieren wollen, behaupte ich mal großzügig: Selbst mit siebzig ziehen wir noch um! Weil es dann das nächste interessante Ding gibt.«

Auch Markus Sowa vom Vorstand der KooGro denkt in die Zukunft. Er ist sich ziemlich sicher, dass das San Riemo ein paar Hundert Jahre in München-Riem stehen wird. Welche Vorstellungen von angemessener Wohnfläche dann herrschen, kann er natürlich nicht sagen. Aber er glaubt daran, dass die Zukunft des Wohnens im Teilen liegt. Klar, es lässt sich nicht ganz verhindern, dass Menschen auch im San Riemo mehr Platz beanspruchen, als sie eigentlich bräuchten. Aber als Modell dafür, dass man anders bauen kann, wird das Bauwerk Bestand haben. Wie es letztlich genutzt wird, ist eine Frage der Einstellung, der Bereitschaft zum Verzicht.

Auf der Fahrt zurück nach Hamburg erinnere ich mich plötzlich an diese Szene aus dem Film *Doktor Schiwago*, die mich als Kind sehr beeindruckt hat, während die Liebesgeschichte von Juri und Lara völlig an mir vorbeigezogen ist. Wir saßen vor dem Fernseher im Wohnzimmer, in dem Haus, das meine Eltern gekauft hatten, nachdem wir vorher immer zur Miete gewohnt hatten, und sahen, dass das mit dem Wohneigentum keine Sache für die Ewigkeit sein muss. Juri Schiwago kommt aus dem Ersten Weltkrieg zurück nach Moskau, zu seiner Verlobten Tonja. Die Revolution hat gerade begonnen. Das großbürgerliche Haus von Tonjas Eltern hat sich über Nacht in eine riesige WG verwandelt. Dutzende arme Familien sind eingezogen. Wände wurden kurzerhand eingerissen, damit alle Platz haben. Tonja stellt ihrem Verlobten eine überaus streng blickende Frau in grauer Uniform vor.

»Willkommen!«, sagt der Doktor freundlich.

»Dass du uns willkommen heißt, ist ein bisschen komisch!«, knurrt die Frau.

»Die Genossin ist nämlich die Vorsitzende des Hausbewohnerkomitees!«, erklärt die nervöse Tonja ihrem Verlobten, der noch keine Ahnung hat von den neuen Verhältnissen.

»In diesem Haus war Platz für 13 Familien! In diesem einen Haus!«, bellt die Vorsitzende des Hausbewohnerkomitees.

»Ja, so ist der Platz sicher viel besser aufgeteilt, Genossen. Und vor allem gerechter!«, sagt der Doktor, und er meint es ernst.

Kurze Zeit später wird der Raum noch einmal neu verteilt: 50 Quadratmeter für Familien mit weniger als fünf Mitgliedern, so will es die Revolution. Diese Szene ist vermutlich der Albtraum aller Hausbesitzerinnen. Aber sie wird sich in absehbarer Zeit nicht so abspielen. Bis der deutsche Staat seine Bürger zwingt, in Gemeinschaften zu leben und die eigene Wohnfläche radikal zu reduzieren, müssten sich die aktuellen Krisen noch deutlich verschärfen. Natürlich wäre es klug, auch bei der eigenen Wohnentscheidung schon jetzt auf Klimawandel, Energiepreise und möglichen Wohlstandsverlust zu reagieren. Neu wohnen, solange man noch kann, und nicht erst, wenn man es muss. Aber vielleicht hat sich die Frage, wie viel Wohnfläche jede von uns verbrauchen sollte, ja demnächst auch von selbst erledigt. Das Wirtschaftsmagazin Forbes erklärt, wie man im Metaverse digitalen, nun ja, Grund und Boden kauft: »Du kannst mit dem digitalen An- und Verkauf von solchen Grundstücken Geld verdienen oder die gebauten Immobilien zur Miete vergeben wie bei echten Immobilien«.[4] Vielleicht reicht uns in hundert Jahren ja eine kleine Kammer, in der unsere hinfälligen Körper hocken, während unsere ewig jungen Avatare im Metaverse nach völlig neuen Gesetzen zusammenleben. Aber bis es soweit ist, müssen wir es irgendwie im Hier und Jetzt aushalten, von Mensch zu Mensch und Tür an Tür. Und damit das Zusammenleben in Projekten nicht einfach nur »funktioniert«, wie es eine Maschine tut, sondern ein echter Austausch ist, muss es eine Idee geben, einen Traum, der alle zusammenhält. Jahrelang, vielleicht sogar ein Leben lang. In einer sehr unspektakulären Gegend von Hamburg besuche ich eine Gemeinschaft, die sich auf eine der ältesten Ideen überhaupt gründet. Als ich zum ersten Mal da bin, hat das Projekt gerade sein 25-jähriges Bestehen gefeiert.

8

Durchhalten

Setareh spricht so leise, dass ich mich vorbeugen muss, um sie zu verstehen. Sie erzählt, dass sie weiter mit ihrer Familie gebetet hat, mit ihrem Mann und ihren Eltern, auch nachdem sie Christin geworden war. Aber während die anderen zu Allah beteten, richtete sie ihre Worte an Gott. Lautlos. Für sich. Im Iran, wo die Staatsreligion der Islam ist, wäre es gefährlich gewesen, zu sagen: »Ich bin jetzt Christin!« In Dänemark, da lebt ihre Tochter, wurde ihr Asylantrag abgelehnt. So kam sie nach Hamburg. »Ich hatte so viele schlechte Dinge in meinem Kopf«, sagt sie auf Englisch, »I had so many bad things in my head.« Sie wusste nicht, wohin mit sich. Irgendjemand erzählte ihr von diesen Leuten, Christen, die irgendwo in Hamburg mit Geflüchteten zusammenleben. Die Nachricht, dass sie dort einziehen kann, bekam Setareh in der S-Bahn, ihre Tochter saß neben ihr. »Wir fingen an zu weinen«, erinnert sich Setareh. »Die Leute im Zug haben sich gefragt: ›Was ist denn mit den beiden Frauen los?‹«

Setareh und ich sitzen in einem Haus, dem man seine Radikalität nicht ansieht. Kein imposanter Altbau wie das Viertel 8. Kein Dorf mit bunten Holzfassaden wie in Hitzacker. Und auch kein smarter, zukunftsweisender Komplex wie das San Riemo in München. Ein ehemaliges Pfarrhaus, weiß und gelb gestrichener Putz, zwei Stockwerke. Google Maps kennt das Gebäude und seinen Namen. »Brot und Rosen« liegt in Bramfeld, im Nordosten von Hamburg. Man kann mit dem Bus noch ein paar Stationen weiter fahren, dann ist man in Steilshoop, wo Anfang der 1970er der soziale Wohnungsbau neu erfunden werden sollte (Kapitel 2 »Große Erwartungen«). Auf dem Weg hierher ist mir ein Flachbau aufgefallen, eines dieser improvisierten Gebäude, die in den frühen 1950er Jahren die leergebombten Grundstücke füllten. »Das haarsträubende Studio« heißt der Friseursalon, der hier auf Kundschaft wartet. Ein paar Straßen von Brot und Rosen entfernt liegt der »Gartenverein Solidarität« von 1932. »Kein durchgehender Weg« steht auf dem grünen Schild am Eingang. Bramfeld wirkt aus der Zeit gefallen. Und die Idee, aus der heraus das Projekt Brot und Rosen entstanden ist, wirkt es manchmal auch. *Kirche?* Ist das nicht dieser Verein, dem scharenweise die Mitglieder davonlaufen?

Für sie, sagt Setareh, ist dieses ehemalige Pfarrhaus das Paradies. Und ihr Lieblingsort in diesem Paradies ist der Raum, der für alle Menschen, die sich ein Dach teilen, eine magische Anziehungskraft hat: die Küche. Links von uns spielt der dreijährige Abdallah mit seinen Bauklötzen. Seine Mutter, die einen Hidschab trägt, schaut ihm zu. Über den beiden hängt eine Weltkarte. Die Kontinente sind in der Größe dargestellt, die sie tatsächlich haben, nicht wie auf den herkömmlichen Karten, die Europa zum Maßstab machen. Mehr als 350 Menschen aus Afrika, Asien und Lateinamerika haben in den vergangenen 25 Jahren bei Brot und Rosen gelebt. Elf Menschen sind es gerade. Während Setareh erzählt, bereitet ein paar Meter weiter Gülay mit ein paar anderen Frauen das Abendessen vor. Aus einem Zwei-Liter-Kanister gießt die zierliche Frau Olivenöl über das Lammfleisch, das heute Abend gegrillt werden soll. Ihr Sohn Jan sitzt schon draußen im Garten und zündet die Kohlen an. Um halb sieben wird gegessen. Jeden Abend schlägt jemand den kleinen Gong, der am Eingang zur Küche hängt. Und dann sitzen alle an einem Tisch: Die Christen, die Muslime, die Jesiden – zu dieser Religionsgemeinschaft gehören Gülay und ihre beiden Söhne.

Das Fleisch, erklärt sie, die bei Brot und Rosen für das Lebensmittellager zuständig ist, hat sie im Bioladen um die Ecke gekauft. Aber die meisten anderen Lebensmittel sind Spenden, zum Beispiel von der Hamburger Tafel. Jeden Montag kommt die Lieferung mit Supermarkt-

Lebensmitteln, die nicht gekauft wurden und im Müll gelandet wären. Die Hamburger Tafel berichtet, dass immer mehr Menschen zu ihren Ausgabestellen kommen. Dennoch sind die Lieferungen bei Brot und Rosen seit dem Beginn des Krieges gegen die Ukraine, seit Inflation und Energiekrise, nicht weniger geworden. Gülay ist Kurdin, sie ist mit ihren Söhnen vor dem Krieg in Syrien geflohen. Ein paar Habseligkeiten und die wichtigsten Papiere, hastig in Rucksäcke und Taschen gestopft, das ist alles, was sie mitgenommen haben aus der alten Heimat. Immer wieder muss sie sich selbst sagen, dass jetzt alles gut ist, dass sie in Sicherheit sind, erzählt sie mir später, nach dem Abendessen, eine Zigarette in der Hand. Obwohl: Alles gut? Ein Teil ihrer Familie hängt immer noch in einer Flüchtlingsunterkunft in Nürnberg fest.

Die Kriege und Krisen, die Menschen aus der ganzen Welt zu Brot und Rosen kommen lassen, sind immer neu. Die Gemeinschaft, in der sie dann Schutz finden – manche für ein paar Monate, andere für Jahre – wurde schon vor 25 Jahren gegründet. Und der Glauben, der hier der Anfang von allem ist, vor zwei Jahrtausenden. Die Frage, wo eine Familie anfängt und wo sie aufhört, wo man die Grenze ziehen muss zwischen dem Ich und dem Wir, um sich nicht völlig zu verausgaben in der Gemeinschaft – sie wird bei Brot und Rosen noch mal anders beantwortet als bei den anderen Projekten in diesem Buch. Alle Gruppen, die ich kennengelernt habe, beschäftigt die Sache mit der Gerechtigkeit – von der Verteilung der Wohnungen bei Viertel 8 über das Anti-Eigentums-Projekt des Mietshäusersyndikats bis hin zur Idee im solidarischen Dorf Hitzacker, dass die Menschen mit geregeltem Einkommen die anderen finanziell unterstützen. Aber in diesem biederen Gebäude in Hamburg-Bramfeld soll die Gerechtigkeit nicht aus politischen oder juristischen Modellen heraus entstehen, sondern aus Christus. Nicht der Christus, der die Welt beherrscht, sondern Christus, der sich aufopfernde Diener der Menschheit, wie mir gleich bei meinem ersten Besuch erklärt wird. Dienen, das dürfe sich nicht aufs Füßewaschen beschränken, das müsse politisch sein: Hinterfragen, warum es bestimmte Ungerechtigkeiten überhaupt gibt.

Zum Beispiel, warum Menschen in Deutschland ohne Papiere leben müssen.

Ich war dreimal bei Brot und Rosen, im Abstand von ein paar Monaten. Als ein Freund mir von dem Projekt erzählte und meinte, das sei doch ein spannendes Beispiel fürs gemeinschaftliche Wohnen, war ich skeptisch. *Christliche Basisgemeinschaft?* Ich bin schon vor Jahren aus der katholischen Kirche ausgetreten, die Bigotterie von »Wir sind Papst!«-Benedikt war nach Jahren des Zweifelns und Haderns der Anlass gewesen zu gehen. Aber ein paar Sätze aus der Bibel habe ich nie vergessen: »Soll ich meines Bruders Hüter sein?« ist so einer. Oder: »Was ihr einem meiner geringsten Brüder getan habt, das habt ihr mir getan.«

Im Wohnzimmer spreche ich mit Uta und Dietrich Gerstner, die diese Wohngemeinschaft mit acht anderen gegründet haben. Dietrich hat immer noch etwas Jungenhaftes, auch wenn sein Haar inzwischen weiß geworden ist. An der einen Hand trägt er einen Ehering, an der anderen einen Ring aus Holz und ein Kettchen aus bunten Perlen. »Kein Mensch ist illegal« steht auf seinem leicht verwaschenen T-Shirt. Utas Haar ist kurz geschnitten, sie hat hohe Wangenknochen und wache blaue Augen. Gemeinsam haben sie hier drei Söhne großgezogen. Sie haben unzählige Kämpfe durchgestanden, vor allem in der ideologischen Anfangsphase dieser Gemeinschaft, die ein wenig an eine Kommune erinnert. Dietrich sagt, dass sie keine Kommune sind, auch wenn er manchmal von den anderen als »Kommunardinnen« spricht. Als ich nachfrage, warum er das tut, schüttelt dieser sonst sehr freundliche Mann mit einem Hauch von Unwillen den Kopf. »Kommunardinnen«, »Mitbewohnerinnern«, »Genossinnen« – mit kleinlichen Definitionen hält man sich nicht mehr auf, wenn man 25 Jahre Zusammenleben auf dem Buckel hat. Viele aus der Kerngruppe haben das Projekt irgendwann wieder verlassen. Aus Erschöpfung oder Enttäuschung, als sie merkten, dass sie den eigenen großen Erwartungen nicht gerecht werden konnten. Uta rechnet nach: »Dietrich und ich, wir sind hier in der zehnten Gemeinschaftsformation.« Wie haben sie so lange durchgehalten? Die kurze Antwort lautet: Sie haben einen Auftrag. Um das genauer zu erklären, sagt Uta, muss sie zurückgehen in die eigene Biografie. Sie erinnert sich an ihre Kindheit in einem Dorf in Süddeutschland. Ein sehr kleines Dorf, sagt sie:

»In der Mitte des Dorfes stand die Kirche, und die hat dazugehört. Da gab es Kindergottesdienst und Ausflüge. Das war in dem Sinne nicht frömmelnd oder sich abgrenzend. Sondern das war ein Teil des Lebens, des Alltags. Und insofern bin ich als Kindergartenkind und Kindergottesdienstkind mit Jesus und Gott großgeworden. Ich wollte mit 13 schon Pastorin werden. Dann kam aber mein politisches Erwachen. Ende der Siebziger lief im Fernsehen die Serie *Holocaust*. Und 1986 wurden im Hunsrück Cruise-Missiles stationiert. Und ich dachte: ›Oh Gott, aus was für einer Geschichte komme ich eigentlich? Und in was für einer Gegenwart lebe ich?‹ Das war ein bitteres Erwachsenwerden, weil ich das alles sehr ernst genommen habe. Und als ich im Theologiestudium war, kam der Irakkrieg, und da fragte ich mich: Will ich eigentlich so bürgerlich leben? Natürlich mache ich was Karitatives! Aber mir war das nicht radikal genug. Ohne dass ich jetzt ’ne Radikale bin!«

Utas Lachen klingt ein klein wenig unsicher. Wie radikal sind sie hier eigentlich? Wie radikal muss man sein, um ein solches Projekt zu starten, und ab welchem Punkt muss man sich von dem »So oder gar nicht!«-Denken verabschieden, ein bisschen zumindest, um weitermachen zu können? Die Frage zieht sich durch unser ganzes Gespräch, während Gülay und die anderen in der Küche den Grillabend vorbereiten. »Wir sind so ein bisschen Gemischtwarenladen«, sagt Dietrich. »Wir sind einerseits radikal. Wir teilen unser Einkommen. Das machen Leute eigentlich im Höchstfall in der Familie. Es gibt ja selbst Paare, die ihre Konten streng getrennt halten. Aber wenn Leute zu mir sagen: ›Oh, das könnte ich nie, so leben wie ihr!‹ Dann sage ich: ›Ich habe einen Job, ich habe Kinder, ich habe Urlaub! Ich lebe nicht total außergewöhnlich!‹«

Außergewöhnlich genug. »Pro Nase ein Zimmer« – das ist die Grundregel bei Brot und Rosen. Damit ist das Projekt, was die Räume angeht, deutlich strenger zu seinen Mitgliedern als etwa das San Riemo oder das

Dorf Hitzacker. Und als Dietrich sagt, dass sie ihr Einkommen teilen, überlege ich sofort, ob ich dazu bereit wäre. Vermutlich nicht. Aber so läuft es bei Brot und Rosen. Was die Mitglieder der Kerngemeinschaft verdienen, landet auf einem gemeinsamen Konto. So zahlen sie die Miete an die Kirchengemeinde, der das ehemalige Pfarrhaus gehört. Sie entspricht dem Mietenspiegel, umsonst gibt es solidarisches Leben auch in christlichen Kreisen nicht. Außerdem bekommt jedes Mitglied der Kerngemeinschaft ein Taschengeld und Kostgeld. Die Geflüchteten haben keinen Zugriff auf das Konto. Das ginge nur, wenn sich einer oder eine dem Projekt für immer anschließt – was bisher noch nie geschehen ist. Aber natürlich unterstützen Dietrich, Uta und die anderen aus der Kerngruppe ihre Mitbewohnerinnen aus aller Welt. Brot und Rosen, das ist auch ein Verein, der Spenden sammelt. Diese Spenden gehen vor allem an die Geflüchteten, um zum Beispiel Arzt- oder Anwaltskosten zu bezahlen. Außerdem bekommen sie ein wöchentliches Taschengeld von 45 Euro.

Fürs Protokoll: Dietrich und Uta sind evangelisch. Über die Sorge der beiden großen deutschen Kirchen, in einer säkularen Gesellschaft immer mehr an den Rand gedrängt zu werden, lächelt Dietrich. »Man hat keine Angst mehr, am Rand zu stehen, wenn man erstmal an den Rand gegangen ist.« Er selbst tut das seit seiner Jugend. Die erste Gemeinschaft, in der er lebte, war eine Open Door Community in Atlanta. Anfang zwanzig war er da, so alt wie ihr Sohn Joel heute, der gerade unterwegs ist nach Hamburg, zum Abendessen mit den Eltern und seiner erweiterten Familie. Dietrichs Augen leuchten immer noch, wenn er von der Open Door Dommunity erzählt:

»Es war eine christliche Lebensgemeinschaft, die mit 25 ehemals obdachlosen Menschen zusammengewohnt hat. Wir haben zusammen gebetet und Gottesdienst gefeiert. Das wichtigste war aber die Suppenküche, die war sieben Tage die Woche offen. Als in Atlanta ein neues Büroviertel gebaut werden sollte, in einer Gegend, wo viele Obdachlose lebten, haben wir ein riesiges Kreuz vor den Zaun gestellt, der die Obdachlosen daran hindern sollte, zu ihren Schlafplätzen zu kommen. Hier wird Christus gekreuzigt! Das war unsere Botschaft.«

Entstanden war diese »Gemeinschaft der offenen Tür« als Teil einer Bewegung, die linke Ideen mit dem katholischen Glauben verband: Catholic Worker Movement heißt sie noch heute. Das Porträt der Frau, die die Bewegung am ersten Mai 1933 gemeinsam mit einem Anarchisten gegründet hat, hängt überall im Haus. Dietrich sagt, dass sie ihm heute fremd wäre in ihrem Rigorismus. Aber als die Gemeinschaft von Brot und Rosen sich bildete, muss sie einen großen Einfluss gehabt haben. Auf einem Foto ist sie als alte Dame zu sehen, der Kopf geschützt von einem Strohhut, die faltigen Hände über den Knien verschränkt, die von einem schlichten Kleid bedeckt werden. Sie sitzt auf einem Hocker, hinter ihr ist eine demonstrierende Menge zu erahnen, und vor ihr stehen zwei Polizisten. Ihre Pistolen und Schlagstöcke rahmen die zerbrechliche Frau ein, die einen der beiden Männer mit entschlossenem Blick fixiert. Dorothy Day heißt sie, und ich muss zugeben, dass ich vorher noch nie von ihr gehört habe.

Day wuchs Anfang des 20. Jahrhunderts in den Slums von Chicago auf, konvertierte mit 30 Jahren zum Katholizismus und gründete überall in den krisengeschüttelten USA der Großen Depression »houses of hospitality«, Häuser der Gastfreundschaft für Menschen, die arm oder sogar obdachlos geworden waren. Sie war, so schreibt der *New Yorker*, eine der wichtigsten Denkerinnen der Linken – während sie gleichzeitig Abtreibung, Verhütung, Homosexualität und den Wohlfahrtsstaat ablehnte.[1] Sie ging betteln, weil sie fand, dass sie den Armen dadurch näher war. Das FBI beobachtete sie zeitweise, entschied dann aber, dass sie im Fall eines nationalen Notstands nicht inhaftiert werden müsste. Heute soll sie wohlmöglich heiliggesprochen werden. Dietrich ist nicht ganz wohl bei dem Gedanken. In den USA gibt es laut Homepage des Catholic Worker Movement 159 Gemeinschaften, im Rest der Welt 28. Und eine davon lebt in Hamburg-Bramfeld.

Uta und Dietrich haben sich beim Studium in Heidelberg kennengelernt. Durch Dietrich hörte Uta zum ersten Mal vom Catholic Worker

Movement. »Das war etwas, womit ich mich verbinden konnte«, erinnert sie sich. »Ich bin ja nicht von zu Hause losgezogen und habe gesagt: Ich brauche einen Plan! Sondern es hat sich Schritt für Schritt ereignet. Dann habe ich noch mein Vikariat zu Ende gemacht, aber schon mit dem Plan, in die sich bildende Gemeinschaft, die in Hamburg damals ein Haus gesucht hat, hineinzugehen. Ich hab meinen Werdegang nicht abgebrochen, aber ich habe auf Pause gedrückt. Ich hatte ja sowas noch nie gelebt. Ich hatte die Idee im Kopf, und wir hatten Treffen und haben andere Projekte besucht. Aber trotzdem ist das ja wie ein Experiment. Ein Lebensexperiment mit mir selber!«

Dietrich erinnert sich: »Politisch sein, Dienen – das sind zwar schöne Ideale, aber sie sind in der Alltagspraxis doch auch anstrengend: Soziale Kontrolle. Verlust von Autonomie. Und das bei konträren Persönlichkeiten. Es hat am Anfang furchtbar gekracht. Wir brauchten Unterstützung. Wir haben uns zum Glück helfen lassen, relativ früh schon. Und die Frage, wie wir so lange durchgehalten haben …«

»Ich bin noch nicht fertig!«, unterbricht ihn Uta.

»Ja, Uta, aber du erzählschd gerade von damals!«, sagt Dietrich, der ebenfalls aus Süddeutschland kommt.

»Stimmt!«, sagt Uta. »Aber das, wo ich herkomme, das realisiert sich hier. Und das gibt mir auch die Kraft und den langen Atem. Wenn ich morgens in der Kapelle sitze, beim Brot und Wein teilen … Heute Morgen dachte ich: ›Ach, es ist gut wieder da zu sitzen und sich wieder zu vergewissern: Warum machen wir das, was wir machen?‹« Jedes Jahr an Ostern gibt sich die Kerngruppe im Gebet das Versprechen, weiterzumachen. »Die Verbindlichkeiten« nennt es Dietrich, zu den Themen Gemeinschaft, Dienst und Gastfreundschaft. Der Text passt auf eine DIN-A4-Seite. Er ist ein Vierteljahrhundert alt, und eigentlich, findet Dietrich, müssten sie ihn mal überarbeiten, die Sprache sei teilweise ein »bissle hölzern«. Da hätten eben viele Theologinnen dran mitgeschrieben. Uta lacht.

Direkt unter der großen Wohnküche, wo die multireligiöse Gemeinschaft sich jeden Abend Punkt halb sieben zum Essen am großen Tisch versammelt, liegt die Kapelle. Das sei nicht symbolisch gemeint, es habe halt vom Grundriss her gut gepasst. Uta, die eine halbe Stelle als Pastorin hat, leitet hier jeden Morgen das Gebet. Niemand, der einen anderen Glauben als den christlichen hat, wird zum Mitmachen genötigt. Manche Geflüchtete, die sich überlegen, in das ehemalige Pfarrhaus zu ziehen, seien erst einmal misstrauisch, erzählt Dietrich: »Es gibt nur einen Schlüssel, nämlich den für die Haustür? Alle Zimmer stehen immer offen? Und die wollen kein Geld von mir? Aber Christen sind sie? Wollen die mich bekehren?« Brot und Rosen sei kein Missionierungsverein, betonen Uta und Dietrich wie auch Birke und Birte, die beiden anderen aus der Kerngruppe. Aber für sie selbst ist der christliche Glaube der Grund, aus dem sie angefangen haben, und der Grund, aus dem sie weitermachen. *Was ihr einem meiner geringsten Brüder getan habt, das habt ihr mir getan.* Zu Beginn, Anfang der Neunziger, erzählt Dietrich, wollten sie mit Obdachlosen zusammenleben, wie die Gemeinschaft in den USA, bei der er gewohnt hatte. Später, beim Abendessen, wird Uta erzählen, wie ihr Mann in der Gründungsphase einen Obdachlosen aus Süddeutschland mit nach Hamburg nehmen wollte, als zukünftigen Mitbewohner. Der Mann hatte ihm versprochen, dass er nicht mehr trinkt. Tat er dann aber doch noch. So wie Uta die Geschichte erzählt, klingt sie für mich ein bisschen so, wie in anderen, weniger wagemutigen Familien, kleine Alltagskatastrophen erzählt werden. Geschichten, die damals alle furchtbar aufgeregt haben und heute, Jahre später, für ein Lächeln sorgen. »Wisst Ihr noch, wie Papa in Italien den Mietwagen gegen die Wand gesetzt hat?«

Die Gemeinschaft beschloss, mit Geflüchteten zusammenzuleben. Es war wohl eine Mischung aus Idealismus und einem gewissen Pragmatismus, zumindest erzählte Dietrich es bei meinem ersten Besuch bei Brot und Rosen so. Anfang der 1990er ging eine Welle von rassistischer Gewalt durch das wiedervereinigte Land. In Mölln, Solingen und Lübeck starben Menschen, darunter schlafende Kinder, bei Brandanschlägen. 1993 schränkte die Regierung Kohl das Grundrecht auf Asyl ein. Geflüchtete, sagt Dietrich, haben seither noch weniger Rechte als Obdachlose mit deutschem Pass, denen zumindest ein rudimentäres Hilfssystem zur Verfügung steht. Außerdem sei es grundsätzlich etwas leichter, mit Menschen zu leben, die aufenthaltsrechtliche Probleme hätten, als mit Obdachlosen, die häufig an psychischen Problemen litten oder drogenabhängig seien. Diese Herausforderung, das wäre auf Dauer zu viel für sie gewesen. Natürlich, sagt er, hätten sie es in den 25 Jahren auch erlebt, dass Geflüchtete wegen traumatischer Erfahrungen psychisch krank wurden. Manche hätten einen Verfolgungswahn entwickelt, andere heftige Aggressionen. »Nicht gut im Zusammenleben, wenn man so will«, sagt Dietrich.

Und bei denen, die psychische Probleme hatten? Mussten die gehen? Es gab einen, der jede Hilfe verweigerte, dem setzten sie ein Ultimatum. Sechs Wochen, dann musste er ausziehen. Ein anderer wollte keine Therapie machen, als seine Drogensucht wieder akut wurde. »Er ging zurück auf die Straße«, erinnert sich Dietrich. »Und vier oder fünf Wochen später war er tot.« Natürlich, solche Erlebnisse hätten die Gemeinschaft sehr belastet. Aber in den 25 Jahren seien sie erstaunlich selten gewesen.

Zurück in die Küche. Dorothy Day blickt unbewegt aus ihrem Foto hinaus, während Gülay die fertig marinierten Fleischstücke auf Grillspieße steckt und nebenher per Videocall mit einem ihrer Kinder spricht, die noch in einer Flüchtlingsunterkunft in Nürnberg leben. Ob sie sich vorstellen könne, für immer hier zu bleiben, frage ich sie. »Nein!« Gülay lächelt oft und zur Begrüßung hat sie mich gleich umarmt. Aber die Antwort auf die »Für immer?«-Frage kommt sehr bestimmt. Sie ist Mutter, sie will ein eigenes Haus für sich und ihre Kinder. Ihr Sohn Jan zeigt mir die Tattoos auf seinem Arm. »KURDISTAN« steht da. Und dann noch ein zweites, das nicht so schnell zu verstehen ist. Da stehen die Anfangsbuchstaben des Namens seines zukünftigen Sohnes. Und die Stunde, zu der er geboren werden wird. Dann folgen die Initialen seiner Mutter, und ihr Geburtstag. Darunter eine Linie, wie sie ein EKG vom Herzschlag eines Menschen macht. Die Linie ist flach, nur unter den Initialen und dem Geburtstag der Mutter gerät sie in Bewegung. »Mein Herz schlägt nur für Mama!«, erklärt Jan mit einem breiten Lächeln und küsst seine Mutter auf die Wange.

Zurück ins Wohnzimmer, zu Uta und Dietrich: Dass sie innerhalb der Gemeinschaft eine Familie gegründet haben – das war, sagen die beiden, einer der Gründe, warum sie so lange durchgehalten haben. Die anstrengende Fixierung auf das alles bestimmende Ideal lässt ein bisschen nach, wenn man sich um ein Kind kümmern muss. Gleichzeitig war es, nach den ideologischen Auseinandersetzungen ganz am Anfang, die härteste Belastungsprobe für das junge Paar. Als im Jahr 2000 Joel geboren wurde, lebten Uta und Dietrich mit ihrem Sohn in zwei Zimmern. Nach anderthalb Jahren bekamen sie ein Zimmer dazu. Und dann war Uta wieder schwanger. Mit Zwillingen. »Da haben wir gedacht, das schaffen wir jetzt nicht mehr«, erinnert sich Dietrich. »Wir waren kurz davor, auszuziehen. Die Lösung war dann, dass wir in eine komplette Wohnung hier im Haus umgezogen sind, mit Küche und Badezimmer.« Jede Familie braucht einen Rückzugsraum, auch und vor allem in einer Gemeinschaft. Zwar teilen sie bei Brot und Rosen ihr Einkommen. »Aber andere Gemeinschaften sind noch radikaler«, erzählt Dietrich, »die leben sogar in Gütergemeinschaft. Oder hauptsächlich von Spenden.« Hier in Hamburg-Bramfeld tun sie das nur zum Teil. Das Armutsideal von Dorothy Day leben Dietrich, Uta und die anderen nicht so radikal wie andere, die der katholischen Anarchistin nacheifern. Dietrich hat gerade zusammen mit seinen Geschwistern das Haus seiner Eltern geerbt. Was er mit diesem Geld machen will, ob er es spendet oder für sich behält, kann er allein entscheiden. Brot und Rosen sei eben keine Kommune.

»Uta und ich sind nicht für offene Liebe, da sind wir doch konventionell. Dass es aber ein anderes Aufwachsen ist und eine große Durchlässigkeit, das hat speziell unser erster Sohn erlebt. Für ihn war die große Schwester ein Mädchen, dessen Mutter aus Togo kam. Ich glaube, unsere Söhne wissen es alle zu schätzen, dass sie mit einer erweiterten Perspektive aufgewachsen sind, mit 'ner größeren Unbefangenheit, was Interkulturalität angeht. Ansonsten haben wir unsere Kinder doch mainstreamig erzogen. Sie hatten einen PC, sie hatten Taschengeld. Das war vielleicht ein bisschen weniger als bei anderen Kindern. Und öfter mal gab es gebrauchte Klamotten. Ab einem gewissen Alter haben wir dann auch neue Sachen gekauft, wenn wir es uns leisten konnten. Es ging ja hier nicht primär darum, ein Experiment durchzuziehen, sondern einen solidarischen Lebensstil zu leben. Und unsere Kinder sind Teil davon, aber wir wollten sie nicht wie in Geiselhaft dazu zwingen, das Leben auszuwählen, das wir gewählt haben. Wir haben ihnen Freiräume gegeben. Musik, Kumpels, Freundinnen … in vielem hatten sie auch ein ganz normales Leben, vielleicht sogar ein Mittelklasseleben. Bildungsbürgerlich. Und gleichzeitig hatten sie, indem sie mit Geflüchteten zusammenlebten, dieses Plus: zu sehen, was in dieser Welt schiefläuft. Sie kriegen mit, was die Menschen an Geschichten mitbringen, sie sehen die Welt mit anderen Augen.«

Grundsätzlich achten sie darauf, dass sie irgendwie mit den Mitbewohnerinnen kommunizieren können, sagt Dietrich. Und dass die Neuen irgendwann versuchen, auf eigenen Beinen zu stehen. Das ehemalige Pfarrhaus soll ein Zuhause sein, aber kein Ort des Stillstands. Wenn die Kerngemeinschaft den Eindruck hat, dass sich jemand nur noch in sein Zimmer zurückzieht, werden Gespräche geführt. So ist dieses Projekt ein doppelter Balanceakt: Die weißen Christinnen in der Kerngruppe müssen miteinander klarkommen. Und gleichzeitig müssen sie mit den Geflüchteten einen Weg des Zusammenlebens finden. Der lässt sich oft nicht vorausplanen. Denn da spielt wiederum ein Faktor eine Rolle, der neben dem Geld alle Gemeinschaften beschäftigt: die Zeit. Zunächst einmal die Zeit, die es braucht, um ein Projekt überhaupt auf die Beine zu stellen. Und dann die unterschiedlichen Zeitrechnungen innerhalb einer Gruppe, die sich erst im gemeinsamen Wohnen und Leben offenbaren. Im Dorf Hitzacker haben die jungen berufstätigen Familien eine komplett andere Tagesplanung als die Rentnerinnen. Im Mannheimer Projekt Viertel 8 wünschen sie sich, dass sich neue Bewohnerinnen für möglichst viele Jahre festlegen – und erfahren immer wieder, dass Studierende und Berufsanfängerinnen selten so lange im Voraus planen können. Bei Brot und Rosen wiederum wissen sie seit 25 Jahren, dass

Geflüchtete eine ganz andere Zeitrechnung haben als Menschen mit deutschem Pass. Manche hängen jahrelang in der Dauerschleife der sogenannten Duldung fest. Bei anderen wiederum geht es plötzlich, von einem Tag auf den anderen, um alles, wenn eine Abschiebung bevorsteht. Auch Menschen, die ganz schnell ein Bett brauchen, steht die Gemeinschaft offen. Dietrich erzählt von der Rentnerin aus der Ukraine, die Jahre vor dem Krieg nach Hamburg kam. Sie hatte ein Bett gemietet, das sie irgendwann nicht mehr bezahlen konnte. Brot und Rosen nahm sie auf. Aber Moment: *Ein Bett?* »Was glaubst du, wie viele Menschen in Hamburg das so machen?«, fragt Dietrich. »Die zahlen halt Miete für ein Bett, oder ein Zimmer. Oder jemand anderes macht mit ihnen einen Untermietvertrag. Und das geht natürlich von fair bis extrem ausbeuterisch. Das gibt es auch, dass für ein Bett eine ganze Wohnungsmiete gezahlt wird. Und die Betten werden schichtweise vermietet, wenn die einen tagsüber arbeiten und die anderen nachts.« Die Zustände, unter denen Menschen in den Industriezentren des 19. Jahrhunderts lebten und die die Frühsozialisten von utopischen Wohnprojekten träumen ließen, sind nicht vorbei. Nicht für alle.

Von ihrem ursprünglichen Modell, nur mit Menschen ohne Papiere zusammenzuleben, hat sich Brot und Rosen inzwischen verabschiedet. Sie seien ein bisschen mehr zu einer großen Familie geworden, sagt Uta, seit sie sich entschieden hätten, auch Menschen mit sicherer Bleibeperspektive bei sich wohnen zu lassen. Eine Großfamilie allerdings, in der die Kerngruppe die Regeln fest legt. »Wir haben den Mietvertrag unterschrieben«, sagt Uta. »Wir akquirieren die Spenden für den Lebensunterhalt und die laufenden Kosten. Wir stellen die Regeln auf. Wir entscheiden, kommt jemand rein oder geht jemand raus.« Warum sich in all den Jahren noch keiner von den Geflüchteten entschieden hat, für immer bei Brot und Rosen einzuziehen, frage ich Dietrich.

»Ich glaube, das hat mit diesen grundsätzlich unterschiedlichen Lebensverhältnissen zu tun. Ich habe Papiere, ich weiß, wie ich das System für mich nutzen kann. Ich fühle mich sicher. Obwohl manche sicher denken: das ist ja ziemlich ärmlich am Ende. Wir werden 'ne ganz kleine Rente haben, mit den Teilzeitjobs und Honorarjobs, die wir machen. Die Vorstellungen, was eigentlich ein gutes Leben ist, und dass das gar nicht so luxuriös sein muss – da gibt es oft gar nicht so große Unterschiede zwischen der Kerngemeinschaft und den Geflüchteten. Trotzdem kommen wir auf einer ungleichen Basis zusammen und die bleibt ein Stück weit erhalten. Wir kommen nicht als Aktivisten zusammen. Sondern wir kommen zusammen als welche, die was zu bieten haben, und welche, die was suchen.«

Der Duft von Gegrilltem zieht durchs Haus. Ich habe Hunger. Und fange plötzlich an zu rechnen. Zum dritten Mal bin ich hier zu Gast, zum dritten Mal werde ich hier essen. Die Einladung wurde gar nicht offiziell ausgesprochen, aber irgendwie ist klar: Wer hier im Laufe des Tages aufkreuzt, darf zum Abendbrot bleiben. Bevor ich in den Bus nach Bramfeld stieg, habe ich schnell noch zwei Melonen gekauft, um nicht schon wieder mit leeren Händen aufzutauchen. Acht Euro hat das kleine Gastgeschenk gekostet. »Viel weniger als das, was ich hier als Abendessen bekomme«, denke ich. Dann fällt mir wieder ein, dass ein großer Teil der Lebensmittel bei Brot und Rosen gespendet ist. Trotzdem kann ich nicht aufhören, darüber nachzudenken. »Die Leute kennen mich doch gar nicht. Denen muss ich doch vorkommen wie ein Schmarotzer. Zwei Melonen für so viele Leute. *Das reicht doch nicht.*«

Bei meinem ersten Besuch hier, im März 2022, habe ich eine Frau kennengelernt, die genau das schätzt: Die Selbstverständlichkeit, mit der hier geteilt wird. Sie will ihren Namen nicht in diesem Buch lesen. Nennen wir sie wie die aus hellem Holz geschnitzte Heilige, die auf dem Fenstersims in der Wohnküche steht, drei Brote und einen Strauß Rosen in den Armen trägt und im Vergleich zu Dorothy Day sehr milde lächelt: Elisabeth. Elisabeth kommt aus Berlin und ist gerade in Rente gegangen. Vorher hat sie als Sozialarbeiterin gearbeitet, in dem, was manche einen »sozialen Brennpunkt« nennen, sagt sie. Jetzt gibt sie ab und zu ein bisschen Deutschunterricht für die Geflüchteten bei Brot und Rosen. Warum sie hier ist? »Ich möchte nicht mit siebzig oder achtzig alleine in meiner Wohnung leben«, sagt sie, die in Berlin zur Miete wohnt. Erst war Elisabeth zu Gast, jetzt gehört sie zur Gemeinschaft, auch wenn sie nicht dauerhaft hier ist. Ganz aufgeben will sie ihre alte Wohnung und ihr Leben in der Hauptstadt nicht. So wie andere von Hamburg nach Berlin zur Arbeit pendeln, pendelt Elisabeth zwischen zwei Leben. Das Leben in den eigenen vier Wänden, wo sie alle Entscheidungen für sich allein fällt. Und das Leben hier. Als sie zum ersten Mal bei Brot und Rosen war, war das eine Art Probezeit. Sechs Monate, um sich selbst und die Gemeinschaft zu prüfen: Halte ich das aus? Mit so vielen Menschen? Schon morgens, wenn man aufs Klo geht, jemandem zu begegnen, der sich gerade einen Tee kocht, und beide sind noch im Schlafanzug? Als Elisabeth und ich miteinander sprachen, stand der muslimische Fasten-monat Ramadan kurz bevor. Da hält die Gemeinschaft es so, dass zwei-mal gegessen wird. Erst um halb sieben, dann noch einmal zu der Zeit, in der die Muslime essen dürfen. Sich spätabends nochmal mit an den Tisch setzen – nein, das wäre Elisabeth dann doch zu spät. Aber sie, die gläubige Christin, findet es toll, dass hier so viele Religionen zusammen an einem Tisch sitzen und miteinander reden. Diese Gemeinschaft in dieser unspektakulären Gegend von Hamburg, die sei ein bisschen ihr zweites Zuhause geworden. Dann zögert sie: »Das ist ein bisschen über-trieben.« Und dann korrigiert sie sich nochmal: »Nein, irgendwie ist es auch so: das zweite Zuhause.«

Zurück in den Krisen- und Grillsommer 2022, zurück ins Wohnzim-mer zu Dietrich und Uta. Der Gong hat schon zum Essen gerufen. Einer von Gülays Söhnen hat eben den Kopf zur Tür hereingestreckt. Ob wir kämen? »Zwei Minuten!«, ruft Uta. 2 Minuten. 25 Jahre. 5 Wochen. Die braucht Dietrich demnächst. Eine Auszeit, sagt er. Er sei ein bisschen er-schöpft, »kumulativ erschöpft«. »Aber ich stelle mir zumindest jetzt, vor der Auszeit, nicht die Frage, ob ich danach aufhöre. Das ist keine Frage, die ich mitnehme. Sondern eher die Frage, ob ich ein paar Stellschrau-ben verändere.« Dieses Projekt, das ist sein Leben. Für viele Geflüchtete sei es heilsam, in dieser Gemeinschaft zu leben. Und für ihn, der als Re-ferent für Migrations- und Asylfragen arbeitet, sei es heilsam zu erleben, dass in diesem ehemaligen Pfarrhaus ein Miteinander möglich ist, das es im Rest der Gesellschaft oft nicht gibt. Die ständigen Abwehrschlachten da draußen. Das »Wir« gegen »die Anderen.« Die Fixierung auf den eigenen Bauchnabel. »Würde ich mich damit nur politisch beschäftigen, würde es mich auszehren. Aber weil ich hier mit Menschen zusammenlebe, wo ich unmittelbar die Sinnhaftigkeit dessen, was ich tue, erlebe, ist es für mich ein Stück weit wie ein Energierückfluss. Das ist wie bei den Elektroautos: Beim Bremsen kommt auch Energie!«

Trotzdem, sagt Uta, muss man sich in jeder Gemeinschaft auch um sich selbst kümmern. Bei Brot und Rosen ist regelmäßig eine Supervisorin zu Gast. Diese Art von professioneller Unterstützung hat auch geholfen, all die Jahre durchzuhalten. Anderen christlichen Wohnprojekten komme das wie eine Art Scheitern vor, sagt Dietrich. »Wir haben doch den Glauben!«, meinen die. Bei Brot und Rosen wissen sie inzwischen, dass sich nicht alle Konflikte allein mit Christus lösen lassen. Und dass man auch Zeit für sich braucht. Donnerstags, wenn Brot und Rosen eine Mahnwache vor der Ausländerbehörde macht, geht Uta zum Yoga. »Das ist meine Insel im Alltag.«

Und jetzt ist Essenszeit. »Thank you God, for giving us food«, singen alle, bevor es losgeht. Ein bisschen schief, ein bisschen schüchtern. Mit Gott ist nicht zwangsläufig der Gott der Christen gemeint, erklärt man mir. Es kann genauso gut Allah sein. Gülays Grillspieße sind köstlich und sie gehen schnell weg. Wir sitzen im Innenhof des ehemaligen Pfarrhauses, der Boden ist mit Betonplatten gepflastert, die Wände verstärken das internationale Stimmengewirr. Birke aus der Kerngemeinschaft, die ihre beiden Kinder hier großgezogen hat, erzählt mir, wie oft sie sich vor Freunden rechtfertigen musste. Wie sie ihre Kinder nur in einer solchen Umgebung aufwachsen lassen könne? »Wie rechtfertigt ihr es denn, einfach nur als Kleinfamilie zu leben?«, fragte sie zurück. Ein paar alte Mitstreiterinnen von Brot und Rosen sind heute gekommen. Und Joel, der älteste Sohn von Uta und Dietrich. Er beantwortet die Fragen, die die jungen Zwischendurchheimkehrer so gestellt bekommen von den Älteren: »Wo wohnst du jetzt?« »Was studierst du nochmal?« Joel wirkt ein bisschen blass und müde, aber das hat sicher damit zu tun, dass er so viel zu tun hat. Er hat schon in Paris und Tel Aviv gelebt und studiert. Internationale Beziehungen interessieren ihn. In der Schule, erzählt er, haben die anderen immer gestaunt, dass er in einer so großen Gemeinschaft aufwächst. Er dagegen hat sich gewundert, wie einer seiner besten Freunde groß wurde: in einer Wohnung mit seiner alleinerziehenden Mutter. ›Krass! Das ist alles?‹, hat er gedacht. Ob er sich vorstellen kann, später wieder in einer Gemeinschaft wie dieser hier zu leben, frage ich ihn. Er weiß es nicht, das ist noch so weit weg. Kinder will er später haben, das ist ganz klar. Und vielleicht, sagt er dann, will er mal einen ganz konventionellen Wohnstil ausprobieren.

Was er Menschen rät, die sich überlegen, in eine Gemeinschaft zu ziehen, frage ich Dietrich zum Abschied. Man müsse sich vorher klar werden, was man bereit ist, wirklich zu teilen mit den anderen. Und man brauche viel Gelassenheit: »Gemeinschaft ist wie ein Fluss, der aus spitzen Steinen Kieselsteine macht. Und wenn dein Stein brutal hart ist – das kann natürlich auch eine Rolle sein, dass du andere herausforderst. Aber es ist schon auf Dauer sehr anstrengend, wenn einer meint: Ich bin der spitze Stein! Gemeinschaft schleift Ecken und Kanten ab, das kann man mögen oder nicht. Aber ich glaube, es ist eine Realität.« Ich erinnere mich an einen Tag im Dorf Hitzacker, als die Gemeinschaft zusammenkam, um über Zukunftsfragen zu diskutieren. Es ging um Geld und Solidarität und um die Frage, wer eigentlich genug leistet für das Dorf. Und eine Frau war – zumindest an diesem Tag – das, was Dietrich einen spitzen, harten Stein nennt.

9

»Du hast es versprochen!«

Sonntag in Hitzacker. Die selten befahrenen Gleise vor dem back-
steinroten Bahnhof dämmern in der Julisonne vor sich hin, genau wie
der schwarze, magere Hund auf dem Bahnhofsvorplatz. Es ist ein Tag,
um draußen zu sein. Aber die Gemeinschaft von Hitzacker Dorf im
Wendland sitzt drinnen, in dem halbdunklen kühlen Gebäude, das
zum Kulturzentrum umgewandelt wurde. Ganz am Anfang, als das
Dorf noch ein leerer Acker war, haben sie sich hier zum Träumen und
Diskutieren getroffen. Und solange das Gemeinschaftshaus noch nicht
fertig ist, ist der alte Bahnhof weiterhin ihr kleines Parlamentsgebäude.
»10–15 UHR: PLENUM«, steht auf dem Flipchart neben der kleinen
Bühne. Und darunter die Tagesordnungspunkte. Zwei sind heute besonders wichtig: Kostenerhöhung und Wohnungsvergabe.

Hinrich vom Finanzbeirat spricht. Er ist Kaufmann und Volkswirt.
Sein gestreiftes Hemd steckt in der dunklen Jeans, die von einem Gürtel
gehalten wird. Ein Gedanke, der in anderen Kontexten streng verbo-
ten ist, schießt mir durch den Kopf, als ich seine förmliche Kleidung
sehe: ›Der ist aber nicht von hier!‹ Ist er auch nicht. Aber irgendwie
auch wieder doch. Hinrich wohnt zwar nicht im Dorf selbst, sondern
in der Nähe des Bahnhofs. Aber er gehört zu den vielen, die trotzdem
in die Genossenschaft eingetreten sind, weil sie die Idee gut finden und
vielleicht später, irgendwann, einziehen wollen. Jetzt aber geht es um
die nahe Zukunft. Und um das unangenehmste Thema von allen: Geld.
Das Eigenkapital der Dorfgenossenschaft muss erhöht werden. »Wir ha-

ben eine Kostenüberschreitung von 300.000 Euro«, erklärt Hinrich mit ruhiger Stimme und schaut in die Runde. Die Baukosten sind enorm gestiegen in diesem Krisenjahr 2022, ebenso die Material- und Energiekosten, das betrifft auch das Dorf, und es stellt die Solidargemeinschaft auf eine neue Probe. »Entweder wir verteilen die Kosten auf alle Schultern«, sagt Hinrich. »Oder wir setzen auf das Modell ›Weißer Ritter‹.« »Oder weiße Ritterin!«, ruft jemand aus dem Plenum. Gegen die Ritterin hat Hinrich nichts, aber er warnt vor der Sonderrolle, die entsteht, wenn ein paar wohlhabende Menschen im Dorf die Kosten für alle übernehmen. Das scheint die Mehrheit auch so zu sehen, jedenfalls nicken viele. Der Finanzbeirat, erklärt Hinrich, hat zwei andere Modelle diskutiert. Modell eins: Jeder im Dorf zahlt pauschal 2.000 Euro. Davon, da war sich der Beirat schnell einig, werden einige finanziell überfordert sein. Modell zwei: Der Wert der Wohnungsanteile wird erhöht, um 15 oder um 20 Prozent. Wer sich das nicht leisten kann, soll von der Gemeinschaft unterstützt werden. Darüber soll das Plenum sich heute eine erste Meinung bilden. Danach muss jeder und jede ihre Zustimmung geben. So sieht es das Gesetz vor, wenn es solche nachträglichen Erhöhungen gibt, erklärt Rita. Eine wirkliche Alternative, sagt Hinrich, gibt es zur Erhöhung der Wohnungsanteile leider nicht.

Zur Erinnerung: Wer im Dorf wohnen will, bezahlt zwei einmalige Beiträge plus Miete. Um überhaupt in die Dorf-Genossenschaft eintreten zu können, haben alle hier 500 Euro Grundeinlage gezahlt. Für die, die sich das nicht leisten konnten, ist die Gemeinschaft eingesprungen. Je nach Wohnungsgröße mussten dann alle sogenannte Wohnungsanteile zeichnen. Die machen das Eigenkapital des Dorfes aus – das, was auch eine klassische Bauherrin an Geld aufbringen muss, um von der Bank einen Kredit zu bekommen. Hinzu kommt dann noch die Miete, im Dorf liegt sie gerade bei 6 Euro kalt, 2023 soll sie auf 6,30 pro Quadratmeter erhöht werden. Rita meldet sich zu Wort. So oft hat sie in den letzten sechs Jahren schon vor der Gemeinschaft gestanden und einem manchmal zweifelnden, manchmal auch genervten Publikum die Finanzen des Dorfes erklärt. Aus dem Vorstand des Finanzbeirats hat sie sich vor zwei Jahren verabschiedet. Eigentlich, das sagt sie immer wieder, würde sie gerne noch mehr Abstand gewinnen von der Dauerbaustelle Dorf. Aber dann macht sie doch weiter. Es gibt nicht so viele, die so viel wissen über Finanzen wie die ehemalige Unternehmensberaterin. Rita spricht von Solidarität und Gerechtigkeit. Und von Zwängen. »Wir machen euch einen Vorschlag«, sagt sie in die Runde. »Wir als Beirat sind nicht verantwortlich für die Lücke, die da gerade klafft.« Sie spricht ruhig, die ganze Diskussion ist auf Zimmertemperatur. Und apropos Zimmertemperatur: Rita erinnert daran, dass sie im Dorf nicht die Einzigen sind, für die das Wohnen teurer wird. Die Gaspreise steigen im ganzen Land, für die Einfamilienhäuser genauso wie für die idealistischen Wohnprojekte. Da meldet sich eine Frau mit kurz geschnittenen grauen Haaren und einem türkisfarbenen Hoodie zu Wort. Monja heißt sie und sie spricht von Anfang an ziemlich laut. »Ich kann nichts dafür, dass die Gaspreise steigen und steigen!«, ruft sie. »Und ich kann auch nichts dafür, dass meine Rente nicht erhöht wurde!« Sie habe sich jahrelang auf der Baustelle abgerackert, damit das Dorf entsteht. Dieser Einsatz sei nie richtig gefeiert worden. Stattdessen werde sie jetzt schon wieder zur Kasse gebeten. Und genötigt, die Solidarität der anderen in Anspruch zu nehmen. »Das macht mich arm!«, ruft Monja. Der Moderator, ein Bauingenieur, der das Dorf ehrenamtlich berät, beweist seine Fähigkeiten, indem er zugleich ernst dreinschaut und lächelt. Monja, sagt er mir später, schätze er besonders. Immer wenn sie sich meldet, dann weiß er, dass es jetzt emotional wird, auch mal ungehobelt. Aber genau diese Ausbrüche seien gut für das Plenum. Es hilft, wenn manche einfach mal laut ihren Ärger und ihre Vorwürfe raushauen, statt sie in diplomatischen Formulierungen abzuschleifen oder grummelnd mit nach Hause zu nehmen. Dann kann man sich gemeinsam bemühen, eine sachliche Lösung zu finden, die dann hoffentlich für alle irgendwie passt. Nach welchem Modell sie hier ihre Entscheidungen fällen, wollte vor ein paar Tagen eine Besucherin von Rita wissen. Gilt das Mehrheitsprinzip? Oder benutzen sie das soziokratische Modell, bei dem nicht die Zahl der Stimmen entscheidend ist, sondern die Frage, ob ein Mitglied der Gruppe einen schwerwiegenden Einwand hat? »Wir nehmen, was funktioniert. Man redet, bis man das Gefühl hat, es passt«, hat Rita geantwortet. Aber bei der schwierigen Entscheidung über die Erhöhung der Wohnungsanteile müssen eben alle Ja sagen. Der Vorschlag des Finanzbeirats, die Wohnungsanteile um 15 Prozent anzuheben, wird angenommen. Die Generalversammlung, die einmal im Jahr stattfindet, muss dann endgültig entscheiden.

Ich werfe einen neugierigen Blick auf Monja, die mir bisher im Dorf nicht aufgefallen ist. Sie spielt mit einem der Kinder, versteckt einen Ball unter ihrem Hoodie, schneidet lustige Grimassen. Das Kind lacht, Monja freut sich.

Der Moderator ruft den nächsten Punkt auf: Vier interkulturelle Wohnungen, Wohnungen also, die die Gemeinschaft für Geflüchtete freihält, sind neu zu vergeben. Drei Parteien wollen gerne einziehen. Man hat sich darauf geeinigt, dass die, die aus anderen Ländern ins Dorf kommen, in Zukunft besser begleitet werden sollen. Eine Art Patenschaft stellt sich die interkulturelle Gruppe vor. Jemanden, der den Neuen hilft, das Dorf zu verstehen und seinen Weg in die Gemeinschaft hinein zu finden. Käthe, Ritas Frau, erklärt, wie das gehen soll: »Da ist dann eine von uns, die sagt: Heute machen wir Kaffeeklatsch! oder: Komm, da drüben ist ein Feuer, da gehen wir jetzt mal hin!« Käthe meint die spontanen Grillfeste. Aber Rita lacht: »*Da drüben ist ein Feuer?!* Das Dorf brennt!« Ein paar im Plenum lachen mit. Das Dorf brennt! Was für ein schrecklicher, vielleicht für eine halbe Sekunde auch befreiender Gedanke. Dann wird es wieder ernst. Die Anwärterinnen auf die interkulturellen Wohnungen sind heute nicht im Plenum, sie leben noch in Unterkünften. Hamed aber ist da. Im Moment wohnt er zur Untermiete in der interkulturellen WG. Jetzt geht es darum, ob er in die Genossenschaft aufgenommen wird. Nur dann kann er in die gerade frei gewordene 30-Quadratmeter-Wohnung ziehen. Er ist 32 Jahre alt und stammt aus Afghanistan. Sein schwarzes Haar hat er im Nacken zu einem kleinen Dutt hochgebunden. Rita und Käthe haben mir schon früher von ihm erzählt. Dass er ein Kreativer ist, ein Filmemacher, der einen sehr sympathischen Kurzfilm über das Dorf gemacht hat. Dass die Festplatte, auf der er die meisten seiner Videos gespeichert hatte, auf der Flucht verloren gegangen ist. Und dass er nie auf die Baustelle kommt. Rita hat ihn neulich aus dem Bett geholt, erzählt sie, nachdem sie eine Stunde lang auf sein Erscheinen gewartet hatte. »You promised!«, hat sie gerufen. Ich weiß inzwischen, dass ein »Du hast es versprochen!« von Rita ziemlichen Eindruck auf mich machen würde.

Vor Beginn des Plenums hat Hamed mir ein bisschen erzählt von seiner alten Heimat. Ein paar Minuten nur, schnell und intensiv, wie viele Gespräche in diesem Dorf der ständigen Begegnungen. Er erinnert sich an einen Tag im Büro in Kabul, als plötzlich die Wände wackelten. Ein Erdbeben, dachte er. Tatsächlich war es eine Bombe. Viele Leute hätten sich an die Anschläge gewöhnt, an die Toten. Ihm selbst sei das nicht gelungen. Er ist seit mehr als zehn Jahren Buddhist und meditiert viel, um zur Ruhe zu kommen. Und nun steht er vor dem Plenum und soll sich offiziell vorstellen. Hamed spricht Englisch, eine Frau aus der interkulturellen Gruppe übersetzt. »Es ist schwer für mich, mich mit all den Menschen zu verbinden, die ich hier treffe«, sagt er. »Ich möchte mich als Filmemacher gerne hier einbringen!« Monja meldet sich zu Wort: Ob er bereit ist, im Dorf mehr mitzuarbeiten? Sie habe ihn nur sehr selten auf der Baustelle gesehen. Und das mit dem Filmen, das sei doch ein Hobby. Sie habe auch keine Zeit mehr fürs Gärtnern, seit sie im Dorf wohnt und arbeitet. Hamed betont, dass er eine Menge zu tun hat. Dass er dreimal die Woche den Deutschkurs im benachbarten Dannenberg besucht. Dass er lange an dem Film über das Dorf gearbeitet hat. Der Film gehörte zur Bewerbung des Dorfes bei einer Gemeinschaft von Landschaftsarchitektinnen. Die werden demnächst Wege und kleine Plätze im Dorf anlegen, nur gegen Kost und Logis. Hamed hat also einen Beitrag zur Entwicklung des Dorfes geleistet. Ein Beitrag allerdings, der sich nicht in gebauten Quadratmetern messen lässt. Die große Frage, die alle Wohnprojekte ihren Mietgliedern stellen, wird jetzt auch an ihn gestellt: Reicht das? Ein bärtiger schmaler Mann in rotem Pulli, eine Nickelbrille auf der Nase, springt ihm bei: »Ich kann bezeugen, dass ich mehrfach mit Hamed gemauert habe!« Und außerdem, weist er Monja zurecht, sei das Filmen kein Hobby, Hamed sei ein Filmemacher.

Das Plenum gerät immer mehr in Bewegung. »In mir kriecht gerade ein seltsames Gefühl hoch«, sagt eine schmale Frau mit dunklen Locken. Ob die Gemeinschaft denn dieselben Fragen stellen würden, wenn statt Hamed ein Deutscher hier stünde? »Ja!«, ruft Rita. Jonas, dessen Vater aus Syrien stammt, hebt die Hand: Vermutlich sei das hier doch ein großes Kommunikationsproblem. Hamed sagt zu, dass er auf dem Bau helfen wird, obwohl er gar keine Zeit hat. Es sei für ihn, kulturell bedingt, einfach sehr schwer, Nein zu sagen, vermutet Jonas. Hinrich aus dem Finanzbeirat greift das Argument auf, versucht zu schlichten. Er spricht den jungen Afghanen auf Englisch an, wischt die Proteste von ein paar anderen beiseite, die gerne erst Deutsch hören wollen, nur die Ruhe, er wird schon gleich übersetzen, was er wissen will: Worin Hamed denn die größte kulturelle Hürde sehe, die zwischen ihm und der Dorfgemeinschaft stehe? »Ich hab' noch nie so viele Menschen gesehen, die als Gruppe zusammenleben«, sagt Hamed. »In Afghanistan leben nur Familien zusammen.«

Hamed wird schließlich Genosse und bekommt die Wohnung. Seine Wohnungsanteile werden aus dem Solidarfonds bezahlt. Die Miete übernimmt das Jobcenter. Am Ende der Sitzung erklären sich sechs Menschen bereit, die Neuen zu begleiten. Lautes Klatschen und fröhliches Johlen aus dem Plenum. »Einen schönen Restsonntag!«, wünscht der Moderator.

Wer ist diese Monja, die im Plenum so anders aufgetreten ist als die anderen? »Ich bin eine Löwin«, sagt sie mir am nächsten Morgen. Wir sitzen in der Küche ihrer WG. »Das Leben ist doch immer in der Küche«, sagt sie. »Das Wohnzimmer ist in WGs nur die Rumpelkammer!« Ich muss lachen. Ja, stimmt. Als ich ihr von dem christlichen Projekt »Brot und Rosen« erzähle, erinnert sie sich an ihre Kindheit, an diese Sonntage in der Kirche, wenn der Pfarrer laut den »heiligen Vater« beschwor. Monja ruft sehr durchdringend »*Vater!*« und haut dabei mit der Hand auf den Tisch. Ich zucke zusammen. Die katholische Kirche, sagt Monja, habe ihr nicht gutgetan. Sie wohnt im WG-Haus, wird aber demnächst im Dorf umziehen. Wenn mal wieder ein Kamerateam im Dorf ist, dann ist sie als Erste weg. Aber heute will sie reden. Sie kommt aus Düsseldorf, lebt seit 20 Jahren in Gemeinschaften, zuletzt in Sachsen, was für sie als Rheinländerin nicht gerade die ideale Gegend gewesen sei. Sie hat in Dresden gegen die Aufmärsche der Rechtsradikalen demonstriert. Gleichzeitig taten sie ihr leid. All die »abgewrackten Zukünfte«, die sie da gesehen hat, »die vielen ungeliebten Seelen«. Wenn es in einem sächsischen Dorf nur eine einzige Kneipe gibt, und die ist ein Nazi-Treffpunkt – was macht man dann als Nicht-Nazi, wenn man nicht komplett isoliert sein will, fragt Monja. In Hitzacker ist sie dann gegen die Coronamaßnahmen auf die Straße gegangen. Es sei zu einseitig berichtet worden, viele Menschen seien nicht gehört worden. Ja, da verlaufen tiefe Gräben durch diese Gesellschaft. Aber man müsse doch wenigstens ab und zu mal was über den Graben rüber rufen zu denen auf der anderen Seite, findet sie. Warum sie gestern so sauer war, will ich wissen.

Monja erzählt von der Lehmmaschine. Die steht auf der anderen Seite der Dorfstraße, wenn man durchs bodentiefe Küchenfenster von Monjas WG schaut, kann man sie sehen. Ein unscheinbares gelbes Ding, aber für Monja ist es das Symbol einer Zeitenwende. Bevor die Maschine ins Dorf kam, haben sie den Lehm selbst gemischt, mit einer Art riesigem Rührgerät, das ein entsprechendes Gewicht hat. Heute pumpt die Maschine den fertigen Lehm, mit dem die Wohnungen hier so heimelig und ökologisch verputzt sind, dahin, wo man ihn braucht. Früher haben sie ihn getragen, Eimer für Eimer. Sie, damit meint Monja die Alten, die doch am meisten Kraft und Zeit in dieses Dorf gesteckt haben. Das ärgert sie, dass heute so verächtlich gesagt wird, das Dorf sei zu alt. 16 Kilogramm wiegt ein Eimer voll Lehm, sagt Monja. Und sie hat künstliche Kniegelenke. Trotzdem hat sie geschleppt. Nicht nur, damit ihre eigene Wohnung fertig wird. Sie hat sich auch für viele andere abgerackert. Unter anderem, weil ja viele Frauen, die nochmal zehn Jahre älter sind als sie selbst (Monja ist Anfang sechzig) ihre Gesundheit aufs Spiel gesetzt hätten auf der Baustelle. Das hätte sie nicht ertragen, die so schuften zu sehen. Die anderen mögen die Idee, dass die Arbeitsstunden fürs Dorf gezählt werden, aufgegeben haben. Monja nicht. Mindestens 3.500 Stunden ihres Lebens stecken in diesen Häusern, sagt sie.

Als sie sich entschloss, ins Dorf zu ziehen, reichte ihr Budget nicht.

Aber die Solidarität der Gemeinschaft hat sie nie in Anspruch genommen, das ist ihr wichtig. Sie hat sich das Geld privat geliehen und zahlt es jetzt zurück. Ungefähr 200 Euro pro Monat. 1.000 Euro Erwerbsunfähigkeitsrente bekommt sie. Bleiben noch 800 Euro zum Leben. Und wenn sie dann im Plenum hört, dass das Wohnen im Dorf mal wieder teurer werden soll, dann wird sie wütend. Von hinten durch die Brust ins Auge, so kommt ihr das vor mit der Erhöhung, die gestern angekündigt wurde. Die Finanzgruppe hätte doch schon viel früher einplanen können, dass die Kosten steigen werden. Das weiß man doch, sagt Monja: Die Sätze »Wir bauen« und »Es wird teurer als gedacht«, die hängen untrennbar zusammen. Sie will auf keinen Fall auf die anderen angewiesen sein, wenn nächstes Jahr die Erhöhung kommt. Monja wird wieder etwas lauter und sagt den Satz, den sie gestern schon im Plenum gesagt hat: »Das macht mich arm!« »Das gibt dir das Gefühl, arm zu sein?«, hake ich nach. »Ja«, sagt sie. Und überhaupt, sie sei doch nicht ins Dorf gezogen, um Bauarbeiterin zu werden. Sondern? Weil das Dorf ein Versprechen war: An sich selbst arbeiten und wachsen, durch die Begegnung und Auseinandersetzung mit anderen. Und? Wurde dieses Versprechen enttäuscht? Monja zeichnet mit der Hand eine Schlangenlinie auf den Tisch, und diese Linie, denke ich in dem Moment, könnte das Dorf in sein Logo aufnehmen, auch wenn ihnen hier wohl kaum etwas so fremd sein dürfte wie ein Logo. Eine Schlangenlinie, ein Sowohl-als-auch, eine Bewegung nach vorne, aber mit Umwegen. Ob ich diese Zeitungsartikel kenne, pro und contra, fragt Monja. »Du liest das Pro und denkst: Alles klar, genau! Dann liest du das Contra und denkst: Alles klar, genau!« So erlebt sie das hier, immer wieder, in jeder neuen Begegnung, mit jedem einzelnen Menschen. Was sie am Dorf, am Leben in Gemeinschaften überhaupt so schätzt, das ist, dass sie hier so emotional und so verletzlich sein kann, wie sie es nun mal ist. Ja, das Dorf macht sie manchmal wütend. Aber das Dorf hält diese Wut auch aus. In Gemeinschaften gibt es diese Momente, wo man eine Stecknadel fallen hört, weil alle genau im selben Augenblick sind. Wie der Moment im Konzert, bevor die Feuerzeuge angehen. So etwas, sagt Monja, gibt es nirgendwo sonst.

10
Für alle?

Meine kleine Deutschlandtour ist zu Ende. Ich hoffe, dass ich die Projekte wieder besuchen darf nach dem Erscheinen dieses Buches. Sie haben mich beeindruckt und mein Herz erwärmt. Jetzt sitze ich wieder in meinen eigenen vier Wänden in Altona, die ja genau genommen nicht meine eigenen vier Wände sind. Die Wohnung unter mir ist neu vermietet. Irgendjemand ist bereit, den Preis zu zahlen. Es ist Zeit, sich mit der Frage zu beschäftigen, ob das gemeinschaftliche Wohnen ein Modell für alle ist. Die kurze Antwort lautet: Nein. Die längere Antwort lautet: Nein, aber ... Fangen wir an mit dem

NEIN!

Selbst dieses kurze »Nein« braucht ein bisschen Erklärung. Vielleicht hilft es, sich noch einmal an das Traumhaus des Frühsozialisten Charles Fourier aus Kapitel 2 (»Große Erwartungen«) zu erinnern. Fourier wollte Anfang des 19. Jahrhunderts mit dem Phalanstère einen Wohnpalast für 1.620 Menschen bauen. Diese ideale Zahl hatte er aus 810 Persönlichkeitstypen abgeleitet, die wiederum auf zwölf grundlegenden menschlichen Leidenschaften beruhen. Wenn man diese Typen in einem eigens dafür konzipierten Gebäude in Einklang bringt – dann ist die Zeit der großen Harmonie gekommen, da war Fourier sich sicher.

Schön gedacht. Wenn man aber eines lernt bei den Gemeinschaften, die in Deutschland neues Wohnen ausprobieren, dann ist es das: Jeder Mensch ist ein kleines, widersprüchliches Universum für sich, das sich mit den anderen irgendwie zu einem größeren Ganzen verbinden muss. Das ist ein anstrengender Prozess. Und: Er dauert. Und dauert. Projekte wie das San Riemo, das Dorf Hitzacker, Brot und Rosen, Viertel 8 und das Mietshäusersyndikat leben davon, dass sich die Bewohnerinnen für möglichst lange Zeit binden und engagieren. In diesen Jahren und Jahrzehnten verändern sich Menschen und ihre Bedürfnisse, und damit verändern sich auch die Erwartungen an eine Gemeinschaft. Genauso vielfältig, wie die Bewohnerschaft eines Projekts ist, genauso vielfältig sind auch die Konflikte, die entstehen können. Mit seinen 810 Persönlichkeitstypen wäre Fourier in der Wirklichkeit nicht weit gekommen. Obwohl ... *einen* klar identifizierbaren Typen gibt es in Deutschland, auch wenn Fourier ihn nicht auf dem Schirm hatte, aber er war ja auch Franzose. Es ist der Typ, der in seinen eigenen vier Wänden seine Ruhe haben will. Elisabeth, die im Projekt Brot und Rosen immer mal wieder zu Gast ist, hat sich am Anfang gefragt, wie sie das aushalten soll, auf dem morgendlichen Weg zum Klo jemandem im Schlafanzug zu begegnen. Diese Befürchtung steht beispielhaft für die allermeisten Menschen in diesem Land, mich eingeschlossen. Wir alle sind aufgewachsen mit sehr klaren Vorstellungen davon, was andere von uns mitbekommen sollen und was nicht. Selbst wenn man nicht permanent in einer Altbauwohnung aufeinander hockt wie die Kommune 2 in den wilden Sechzigern – gemeinschaftliches Wohnen definiert die Grenzen von Privatsphäre und Öffentlichkeit neu. Das muss man mögen.

Hinzu kommt der unglaubliche Aufwand. Ein Projekt zu planen, Förderungen zu beantragen, das gemeinsame Haus zu bauen und dann das Leben in diesem Haus zu organisieren und zu finanzieren – das ist eine Mammutaufgabe. Aus der romantisch-rebellischen Idee, sich selbst zu verwalten, weit weg von den Machtverhältnissen, die den kapitalistischen Wohnungsmarkt bestimmen, wird schnell eine hauseigene Bürokratie, um die sich irgendjemand kümmern muss. Und zwar nicht nur, wenn es gerade passt, sondern regelmäßig, und wenn es sein muss sogar im Urlaub, am Strand, den Laptop auf den Knien, wie es der Finanzexperte vom Viertel 8 diesen Sommer gemacht hat. Die Streitereien darüber, wer eigentlich zuletzt die WG-Küche geputzt hat, all die Kabbeleien um To-do-Listen und die Frage, wer eigentlich die letzten Spaghetti gekocht und keine neuen gekauft hat – all diese kleinen Konflikte, an die sich viele von uns vielleicht sogar mit einem wehmütigen Lächeln erinnern –, sie sind nichts im Vergleich zu der Frage, wer genug mitarbeitet auf der Baustelle, wenn ein ganzes Dorf entstehen soll, ein Dorf für alle, in dem die Bezahlbarkeit der Wohnungen eben auch davon abhängt, wie viel am Bau selbst gemacht wird und nicht von einer teuren Firma. Die Entscheidung, wann jemand die Gemeinschaft verlassen muss, weil er oder sie sich nicht genug einbringt oder sogar droht, das Miteinander zu sprengen, geht manchmal noch weit darüber hinaus, was bei der Trennung eines Paares auf dem Spiel steht. Beispielsweise wenn dieser Mensch ein Geflüchteter ist, wie beim Projekt »Brot und Rosen«. Gemeinschaftliches Wohnen ist eine Lebensaufgabe.

»Wir haben rund 300 Anfragen pro Jahr«, sagt Jörn Luft von der Stiftung trias, die gemeinwohlorientierte Projekte berät und fördert. »Von diesen 300 bleiben 30 Projekte übrig, die wir begleiten. Und rund drei pro Jahr werden dann auch tatsächlich umgesetzt.« Der Anfang, sagt Luft, sei immer relativ einfach, das sei die »Rotweinphase«, in der die Gruppen die ersten gemeinsamen Ideen entwickeln. Die müssten sie dann irgendwann hinter sich lassen und den Sprung in die Professionalisierung schaffen. Diese Professionalisierung nimmt zu, einige Kommunen unterstützen Projekte bei ihren Vorhaben. Aber auch mit Unterstützung: Der Weg ist lang und beschwerlich. »In Hamburg brauchen Gruppen acht Jahre, bis sie einziehen können«, sagt die Stadtsoziologin Ingrid Breckner. »Das ist ein verdammt langer Prozess.« Ein Prozess, in dem zwei Dinge besonders wichtig sind: Die übergeordnete Idee, die eine Art Leitstern ist, wie es Mara aus dem Dorf Hitzacker formuliert hat. Und die Fähigkeit zu reden, sehr viel zu reden, mit oder ohne Rotwein. Bei einem gemeinschaftlichen Wohnprojekt geht es ja nicht darum, wohin man demnächst in den Urlaub fährt. Es werden Entscheidungen getroffen, die das eigene Leben für Jahre, vielleicht auch für Jahrzehnte prägen werden. Da muss man wissen, was man will. Man braucht Selbstbewusstsein und zugleich die Fähigkeit zum Kompromiss. Der Zwang zum Diskutieren, das habe ich immer wieder gehört, ist schon eine Art sozialer Ausschlussmechanismus. An meinem Küchentisch[1] erinnere ich mich an das Gespräch, das ich auf dem sonnenbeschienenen Dach des »San Riemo« mit dem Architekten und Genossenschaftsgründer Markus Sowa und der Bewohnerin Anja geführt habe. Auf die Frage, wie vielfältig die Bewohnerschaft des Hauses ist, sagt Markus: »Man muss 'ne Menge Energie reinstecken, man muss es sich leisten können. Ich weiß nicht, ob das schon Teil der Hürde ist.« »Die Fähigkeit, zu diskutieren?«, frage ich nach. Anja antwortet: »Oder es überhaupt zu wollen! *Das Wollen*, das ist schon so ein Ding. Wir sind nicht so wahnsinnig divers. Es überwiegt schon ein relativ hoher Bildungsabschluss. Und von der Herkunft her ist das hier auch überproportional deutsch und weiß. Aber ich weiß auch nicht genau, woran das liegt.«

Markus vermutet: »Es hat sicher damit zu tun, dass die Modelle, die darauf angelegt sind, dass sie aus einem Diskurs entstehen, genau die Gruppe ansprechen, die Anja beschrieben hat. Da gibt es halt die, die gerne diskutieren und dann auch die Prozesse bestimmen. Und dabei verliert man andere.«

Ulrike Pelz, die für »Stattbau Hamburg« Projekte berät und begleitet, sagt: »Friseure zum Beispiel, oder Männer, die bei der Stadtreinigung arbeiten, die wohnen nicht im Wohnprojekt. Man kann sehr lange darüber diskutieren, warum das so ist. Vielleicht ist das auch eine Frage des Status. Will man vielleicht lieber das Haus im Grünen haben? Und dann spart man sich alles vom Mund ab, um es sich irgendwann leisten zu können?« Die Sache ist, wie so oft beim gemeinschaftlichen Wohnen, kompliziert: Wohnprojekte müssen divers sein. Nicht nur, um dem eigenen idealistischen Anspruch zu genügen, oder den Anforderungen der Kommune, die ihnen zu besonders günstigen Bedingungen ein Grundstück überlassen hat. Sie brauchen die Unterschiedlichkeit in der Bewohnerschaft auch, um lebendig zu bleiben: »Warum scheitern Projekte?«, fragt die Schweizer Innenarchitektin Susanne Schmid, Co-Herausgeberin des Buchs *Eine Geschichte des gemeinschaftlichen Wohnens*. »Das Problem ist Homogenität versus Heterogenität. Gemeinschaftliches Wohnen braucht die Vielfalt, die Unterschiedlichkeit. Es braucht eine Lebendigkeit, damit diese Projekte aktiviert werden. Es bringt ja zum Beispiel nichts, wenn alle zur selben Zeit den Gemeinschaftsraum nutzen wollen.« Die Schweizer Genossenschaft Kalkbreite, eine Vorreiterin des gemeinschaftlichen Wohnens, nimmt das Thema besonders ernst. Als es um die Erstvermietungen in ihrem neuen Projekt »Zollhaus« in Zürich ging, hat sie sich am sozialen Durchschnitt des Viertels orientiert. Auf ihrer Homepage listet die Genossenschaft alle Kriterien auf, und daneben die angestrebte Repräsentation: non-binäre Geschlechtsidentität: 1 Prozent. Älter als 65 Jahre: 15 Prozent. Kinder in Einelternhaushalten: 5 Prozent. Menschen mit Behinderung: 5 Prozent. LGBTQI-Paare: 5 Prozent. Menschen ohne Schweizer Pass: 33 Prozent.[2] Und das sind noch lange nicht alle Punkte.

Wenn ein Projekt aber die Vielfalt der Gesellschaft abbilden will, dann muss es irgendwie auch die vielfältigen Vorstellungen vom guten Wohnen, die in dieser Gesellschaft existieren, unter einen Hut beziehungsweise unter ein Dach bekommen. Und das ist kaum zu schaffen. Die Genossenschaft, die das solidarische Dorf Hitzacker gebaut hat, hat vor allem in der Planungs- und Bauphase erfahren, wie hoch die kulturellen Hürden sind, wenn es darum geht, mit Geflüchteten zu leben. Und wie schwer es ist, alle auf ein gemeinsames Ziel zu verpflichten, ohne Zwang auszuüben. Die Münchner Genossenschaft »Kooperative Großstadt«, Initiatorin des San Riemo, setzt gerade die nächsten beiden Projekte um — wenn die steigenden Bau- und Energiekosten ihr nicht demnächst einen Strich durch die Rechnung machen. Bei dem Bau, der im neuen Stadtteil Freiham entstehen soll, war das Interesse an kollektiven Wohnformen deutlich geringer als beim San Riemo, sagt Markus Sowa. Die Diskussionen seien viel pragmatischer gewesen. Das ist aber nicht der Beweis dafür, dass das Experiment mit flexiblen Grundrissen und offenen Wohnungen schon gescheitert ist. Es zeigt eher, dass es kein planerisches und architektonisches Patentrezept fürs gemeinschaftliche Wohnen gibt, kein »one size fits all«. Und dass es sich gerade deshalb lohnt, Neues auszuprobieren. Dass sowohl in der Planungs- und Bauphase und dann später im gemeinschaftlichen Leben immer wieder Menschen aus Projekten aussteigen, heißt nicht, dass die Projekte keine sozial integrative Kraft haben. Deshalb, noch einmal: Ist gemeinschaftliches Wohnen ein Modell für alle?

NEIN, ABER ...

... Gemeinschaften, die zusammen bauen und leben, können Impulsgeber auch fürs konventionelle Wohnen sein. In letzter Zeit sind immer wieder Wohnprojekte mit Architekturpreisen ausgezeichnet worden, sagt Susanne Dürr, Professorin für Städtebau und Gebäudelehre in Karlsruhe. Das sei ein Zeichen dafür, dass Wohnfragen auch auf der architektonischen Ebene eine neue Bedeutung beigemessen wird. Allerdings: *Das* gemeinschaftliche Wohnen gibt es nicht. Es gibt eine Vielzahl von Projekten, die sich letztlich nur auf einen sehr allgemeinen gemeinsamen Nenner bringen lassen: Sie wollen es nicht so machen wie die Mehrheit. Sie wollen anders leben als im Einfamilienhaus oder der Singlewohnung. Sie definieren Eigentum neu, sie ziehen die Grenze zwischen Privatheit und Öffentlichkeit anders, als es die Familien in den Neubaugebieten dieser Republik tun. Dabei entstehen Ideen, wie wir alle besser bauen und wohnen könnten in Zeiten von immer knapper werdenden Ressourcen und sich verschärfenden sozialen Gegensätzen. Die Berliner Architektin Verena von Beckerath, die mit ihrem Berliner Büro seit 2008 einige gemeinschaftliche Wohnprojekte geplant und realisiert hat, ist sich sicher: »Es wird künftig viel mehr gemeinschaftlichen Wohnungsbau geben.« Junge Familien, aber auch Alleinstehende und ältere Menschen hätten heute ganz andere Vorstellungen davon, was gutes Wohnen ausmacht. Ob aus diesen Vorstellungen dann auch Wohnwirklichkeit wird, ist eine andere Frage. Die Wohnfläche pro Kopf zum Beispiel nimmt in Deutschland weiter zu, während die Haushalte im Schnitt immer kleiner werden.[3] Umso wichtiger ist es, dass Gemeinschaften flächensparendes, ökologisches, solidarisches Wohnen ausprobieren und neue Wege aufzeigen. Auch wenn im San Riemo nicht alle dieselbe Waschmaschine benutzen, auch wenn sich nicht ausschließen lässt, dass irgendwann doch weniger Menschen dort wohnen als die hundert, die das Projekt bezogen haben – der Versuch, mit kleineren Wohnungen auszukommen und Flächen gemeinsam zu nutzen, geht genau in die richtige Richtung. Die große Frage ist, ob die Idee demnächst auch im konventionellen Wohnungsbau ankommt. »Das hängt sehr davon ab, ob ein Austausch zustande kommt«, sagt Verena von Beckerath. Ein Dialog müsse in Gang kommen zwischen baugemeinschaftlichen und genossenschaftlichen Projekten und der Wohnungswirtschaft beziehungsweise der kommunalen Wohnungsversorgung. Im Moment sehe es nicht danach aus, als würden diese beiden Sphären sich austauschen, sagt die Architektin. »Mietwohnungen imitieren bis heute oft die Grundrisse von Häusern – für Menschen, die sich kein eigenes Haus leisten können.« Konventionen, die sich beharrlich immer weiter fortsetzen. Deshalb gebe es bei vielen Wohnungsunternehmen mehrere Hemmschuhe: Da seien zum einen die teilweise veralteten Förderrichtlinien, die weiterhin die Kernfamilie als *die* Konstellation betrachten, für die gebaut werden muss. Und da seien zum anderen die Vermietungsabteilungen der Unternehmen, die sich auf bewährte Erfahrungen aus der Vergangenheit berufen. »Wenn man mit einem Architekturbüro im Wohnungsbau ökonomisch arbeiten will, dann stellt man die geltenden Richtlinien nicht in Frage«, sagt von Beckerath. »Man muss als Architekt:in schon ein besonderes Interesse an der Weiterentwicklung des Wohnens haben, um es anders zu machen.« Und im Zweifelsfall, wie Florian Summa, Anne Femmer und Juliane Greb, die Architektinnen des San Riemo, bereit sein, mit einem Projekt weniger zu verdienen als mit einem konventionellen Wohnhaus.

Neue Impulse für den Wohnungsbau sind aber nur ein Aspekt. Können Gemeinschaften wie das San Riemo oder das Dorf Hitzacker irgendwie dazu beitragen, die aktuelle Wohnungskrise zu lösen? Auf den ersten Blick: Nein, dafür sind sie zu klein und zu selten. Auf den zweiten Blick kann man sagen: *Unter gewissen Umständen.* Der Soziologe Carsten Praum von der Bauhaus-Universität Weimar hat sich für seine Dissertation acht Jahre lang mit Wohnprojekten in Frankfurt am Main und München beschäftigt. In den beiden teuersten deutschen Städten stellt sich die Frage besonders dringend, welchen Beitrag gemeinwohlorientierte Gruppen zur Schaffung von bezahlbarem Wohnraum leisten können. Praums Untersuchung setzt 1990 an, mit dem Ende der Wohnungsgemeinnützigkeit. Vor 1990 hatten Wohnungsunternehmen von Steuerbefreiungen profitiert, wenn sie dafür dauerhaft bezahlbaren Wohnraum für Haushalte mit kleinen und mittleren Einkommen zur Verfügung stellten. Die Regierung Kohl schaffte die Wohnungsgemeinnützigkeit ab; ein Grund war der Skandal um die Neue Heimat. Seit aber Wohnen immer teurer wird und immer mehr Sozialwohnungen aus der Preisbindung fallen, wird darüber diskutiert, dieses Instrument wieder einzuführen. Gemeinschaftliche Projekte hätten seit 1990 die Lücke gefüllt, die mit dem Ende der Wohnungsgemeinnützigkeit entstand, so Praums These. Eine enorme Lücke. Können private Initiativen sie füllen? Er sei, sagt Praum, zu einer zweigeteilten Antwort gekommen. Mit Blick auf den Gesamtwohnungsbestand ist der Anteil von gemeinschaftlichem, bezahlbaren Wohnen immer noch verschwindend gering. Gleichzeitig, betont der Soziologe, werden neue Flächen erschlossen. In diesen neuen Stadtteilen ist der Anteil von Wohnprojekten deutlich höher als in den seit Jahrzehnten konventionell bebauten Innenstädten. In Hamburg-Wilhelmsburg zum Beispiel, einem lange vernachlässigten Gebiet, entsteht gerade ein neues Viertel. Junge Genossenschaften und Projekte des Mietshäusersyndikats wurden bei der Grundstücksvergabe bevorzugt. Und die Projekte werden nur gefördert, wenn sie bezahlbaren Wohnraum schaffen. Allerdings hat sich die Förderung inzwischen stark ausdifferenziert, sagt Praum. Neben dem klassischen Sozialwohnungsbau gebe es inzwischen »sehr viel Mittelklasseförderung«. Und die komme eben eher denen zugute, die sich auf das Experiment des jahrelangen Planens und Diskutierens überhaupt einlassen wollen. Sehr grob geschätzt, sagt der Soziologe, bestehen aktuelle Projekte zu je einem Drittel aus klassischem sozialem Wohnungsbau, aus Mittelklasseförderung und aus dem, was man sonst den frei finanzierten Wohnungsbau nennen würde. Kurz: Wohnprojekte werden einen kleinen Beitrag zum bezahlbaren Wohnen leisten, aber das große Problem nicht lösen. Jedenfalls nicht kurzfristig. Ein bisschen Hoffnung kommt aber auf, wenn man sieht, wie manche Kommunen gemeinschaftliches Wohnen inzwischen auch organisatorisch unterstützen. Praum spricht von einem »System des gemeinschaftlichen Wohnens«, das in den vergangenen Jahren entstanden sei. Das heißt: Gemeinschaftliches Wohnen entsteht nicht mehr losgelöst von der restlichen Stadtentwicklung, sondern in einem engen Zusammenspiel zwischen den Initiativen, den städtischen Behörden und den Agenturen, die neue Projekte im Auftrag der Kommune beraten und begleiten.

Je intensiver diese Unterstützung wird, desto mehr Menschen könnten sich in Zukunft dazu entschließen, gemeinschaftlich zu bauen und zu wohnen. Und zu teilen statt zu besitzen. Während ich diesen Schluss schreibe, bekomme ich eine Mail von meinem Energieversorger. Betreff: »Zusammen da durch«. Was genau ich unter »zusammen« verstehen soll, wird nicht erklärt. Man rät mir einfach, meine Abschläge um bis zu 60 Prozent zu erhöhen, damit ich nicht am Ende des Abrechnungszeitraums eine enorme Nachzahlung leisten muss. Ein paar Wochen vor dieser Mail malten ein paar Freundinnen und ich uns aus, wie wir im Winter, wenn das Heizen unbezahlbar wird, für ein paar Monate zusammenziehen und eine Wärme-WG gründen. Im September warnten viele Ökonominnen davor, dass Deutschland vor einer Rezession mit drastischen Folgen steht – trotz des gerade angekündigten Entlastungspakets der Regierung.[4] Ein solcher Abschwung könnte auch das Problem verschärfen, dass es in Deutschland nicht genügend bezahlbare Wohnungen gibt. Die Beobachtung des Städtebauhistorikers Angelus Eisinger, dass sich im Wohnen alle politischen, gesellschaftlichen und wirtschaftlichen Facetten der Welt jenseits unserer vier Wände bündeln, war vielleicht noch nie so wahr wie im Herbst 2022.[5] *My home is my cas-*

tle? Nicht wirklich. Alle Zeichen stehen auf Sparen, auf Verzicht. Wie das gehen soll? Gemeinschaftliches Wohnen könnte eine Antwort sein. Oder zumindest ein paar erste Ideen liefern, die sich weiterentwickeln lassen. Dass das linke Mietshäusersyndikat, entstanden aus einer Gruppe von Menschen, die in den 1990ern in Freiburg Häuser besetzten, inzwischen bei der Vergabe von städtischen Grundstücken berücksichtigt wird, ist ein Zeichen: Die Rebellion gegen Wohnraum als Privateigentum ist salon- beziehungsweise förderungsfähig geworden. Ob diese Entwicklung weitergeht, ist im Herbst 2022 allerdings die große Frage. Die Baukosten steigen, dito die Zinsen. In München hat das Mietshäusersyndikat vor Kurzem ein Grundstück, auf dem es gemeinnützig bauen wollte, wieder an die Stadt zurückgegeben. Auch andere Projekte, unter anderem eines der Kooperative Großstadt, stehen auf der Kippe.[6] In Hamburg stehen mehrere Projekte von Kleingenossenschaften vor dem Aus. Sie beklagen rasant gestiegene Kosten, unflexible Förderrichtlinien und zu hohe Auflagen seitens der Stadt.[7] Es kann also gut sein, dass in den nächsten Monaten und Jahren nicht nur der kommerzielle, sondern auch der alternative Wohnungsbau in eine tiefe Krise gerät – und Letzterer ist für solche Krisen deutlich anfälliger, weil er so stark von den finanziellen Möglichkeiten und dem Engagement jedes und jeder Einzelnen abhängt. Würden im nächsten Jahr viele Projekte scheitern, wäre das nicht nur ein bitterer Verlust für die, die schon so viel Zeit und Energie in die Planung gesteckt haben. Es wäre auch ein Verlust für dieses Land, in dem so weitgehend ideenlos und renditeorientiert vor sich hingebaut wird.

Aber Moment. Da war ja noch was. Ist das gemeinschaftliche Wohnen die Lösung …

… für mich?

Da gibt es diese Szene aus dem Film *Fight Club*. Brad Pitt spielt Tyler Durden, einen Rebellen, der in einem besetzten Haus lebt,[8] und Edward Norton einen namenlosen, ziemlich verklemmten Durchschnitts-typen, dessen Designerwohnung aus mysteriösen Gründen gerade in die Luft geflogen ist. Norton hat Pitt ein einziges Mal getroffen, aber jetzt, wo die Wohnung futsch ist, braucht er dringend ein Bett für die Nacht. Er ruft Pitt an. Die beiden trinken zusammen ein Bier, dann noch eines und noch eines. Norton sagt, dass es schon spät sei, und dass er sich jetzt ein Hotelzimmer suchen müsse. »Jetzt frag' schon!«, sagt Pitt. »Ich weiß nicht, was du meinst ...«, ziert sich Norton. »Drei Liter Bier, und du traust dich immer noch nicht zu fragen!«, amüsiert sich Pitt. »Könnte ... könnte ich bei dir übernachten?«, bringt Norton endlich heraus. »Ja!«, sagt Pitt, kurz und cool.

Diese Großzügigkeit, diese Lässigkeit im Umgang mit dem eigenen Wohnraum zeichnet viele Projekte aus, auch wenn über sie keine Holly-woodfilme gemacht werden. Und es ist unter anderem diese offene Haltung, die mich weiter darüber nachdenken lässt, ob ich in einem Projekt auf Dauer nicht besser aufgehoben wäre als in einem Mietshaus, in dem das, was ich seit mehr als 15 Jahren mein Zuhause nenne, letzt-lich nichts anderes ist als eine Ware. Im Dorf Hitzacker durfte ich in der Wohnung eines Menschen übernachten, der mich gar nicht kannte und gerade unterwegs war. »Könnte ich hier einziehen?«, fragte ich mich, als ich morgens auf seinem Sofa saß. Ich schaute aus dem Fenster zur Dorf-straße, jemand winkte mir zu, lächelte. Es tut einfach gut, dass Leute um einen herum sind, dachte ich. Freundliche, offene Menschen. Gut, überlegte ich dann, die gibt es in meinem Haus in Hamburg-Altona ja auch. Aber da weiß ich eben nicht, ob ich in 10, 20 Jahren nicht der letzte aus der alten Hausgemeinschaft bin, der seltsame alte Kauz, um den herum die Jungen leben, in einem anderen Tempo, mit anderen Ideen. Die Gemeinschaften in diesem Buch haben es sich versprochen, anders zu sein, zusammenzuhalten, alle mitzunehmen, auch die »schrä-gen Vögel«, wie Rita das formulierte. Ob sie diesem Anspruch schon jetzt immer gerecht werden können und ob sie ihm in der nahen und fernen Zukunft noch gerecht werden, das ist eine andere Frage. Aber immerhin: Sie stellen sich dieser Frage.

Ich weiß nicht, ob ich in den nächsten Jahren in ein Wohnprojekt ziehe oder mich einer Gruppe anschließe, die das Abenteuer des gemeinsamen Bauens noch vor sich hat. Ich sollte mich beeilen, bevor die letzten innenstadtnahen Grundstücke in Hamburg (oder München oder Berlin) verplant sind. Ich bin noch nicht völlig festgefahren in meinen Gewohnheiten. Das Haus, in dem ich wohne, steht soweit ich weiß auch nicht zum Verkauf, so dass ich Hals über Kopf nach einer Gemeinschaft suchen müsste. Eigentlich wäre also jetzt genau der richtige Zeitpunkt. Aber es ist eben eine Lebensentscheidung und mit Lebensentscheidungen tut man sich bekanntlich schwer. Man zögert sie hinaus, denkt nach. Mit zwei persönlichen Fragen bin ich auf die Reise gegangen: Wie kann ich im Alter leben, ohne zu vereinsamen? Und wie kann ich … »mir eine bezahlbare Wohnung sichern«, will ich schreiben, und jetzt schreibe ich es auch. Ehrlich währt am längsten. Und ehrlich muss man zu sich sein, bevor man sich einer Gemeinschaft anschließt. »Es ist schon sehr gut, vorher für sich zu klären: Was will ich wirklich mit den anderen teilen?«, sagt Dietrich Gerstner vom Projekt »Brot und Rosen«. Der Wunsch, eine bezahlbare, sichere Wohnung zu haben, ist genauso berechtigt wie die Sehnsucht nach engem Kontakt und Verlässlichkeit. Aber es sind eben sehr unterschiedliche Gründe für gemeinschaftliches Wohnen. Man muss sich die eigenen widersprüchlichen Bedürfnisse klarmachen, bevor man sich auf das große Experiment einlässt. Wer sich einem Projekt anschließt, nur weil er sich davon eine günstige Miete erhofft, wird schnell in Konflikt mit den anderen geraten, die idealistischere Vorstellungen haben. Wer aber alles auf die große Idee setzt und die störrische Realität völlig ausblendet, riskiert, nach ein paar Jahren ziemlich verbittert zu sein, weil die anderen eben doch nicht so großartig und selbstlos sind wie gedacht. »Gimme shelter« sangen die Rolling Stones, ein Jahr nachdem die Kommune 2 sich aufgelöst hatte. Man sollte sich vom Schutz durch eine Gemeinschaft nicht alles versprechen. Und gleichzeitig braucht jede neue Gruppe, die zusammen bauen und wohnen will, ein Versprechen, eine Hoffnung, damit es überhaupt losgehen kann.

Literatur-, Film- und Linkauswahl

Einleitung

Susanne Dürr, Gerd Kuhn: *Wohnoptionen. Gemeinschaftsorientiert. Produktiv. Adaptiv.* Ludwigsburg: Wüstenrot-Stiftung 2022.

Kapitel »Bis zum Schluss«

Wir alle. Das Dorf. Dokumentation von Claire Roggan und Antonia Traulsen. NDR 2021.

Lennart Herberhold: »Wendland: Dorf der Zukunft«, *Süddeutsche Zeitung,* 7.11.2016, https://www.sueddeutsche.de/leben/wendland-dorf-der-zukunft-1.3236653 (letzter Zugriff: 25.8.2022)

Kapitel »Große Erwartungen«

Christl Bookhagen u. a.: *Kommune 2: Versuch der Revolutionierung des bürgerlichen Individuums. Kollektives Leben mit politischer Arbeit verbinden!* Berlin: Oberbaumpresse, 1969.

Susanne Schmid, Dietmar Eberle, Margrit Hugentobler: *Eine Geschichte des gemeinschaftlichen Wohnens. Modelle des Zusammenlebens.* Basel: Birkhäuser, 2019.

Staffan Lamm, Thomas Steinfeld: *Das Kollektivhaus. Utopie und Wirklichkeit eines Wohnexperiments.* Frankfurt am Main: S. Fischer, 2006.

Pascal Dibie: *Wie man sich bettet. Die Kulturgeschichte des Schlafzimmers.* Stuttgart: Klett-Cotta, 1989.

N. John Habraken: *Die Träger und die Menschen. Das Ende des Massenwohnungsbaus.* Den Haag: Archi-Edition, 2000.

Hartmut Häußermann, Walter Siebel: *Soziologie des Wohnens. Eine Einführung in Wandel und Ausdifferenzierung des Wohnens.* Weinheim, München: Juventa, 1996.

Monika Hartmann, Wolfram Koblin, Roswitha Näbauer: Selber und gemeinsam planen, bauen, wohnen. München: Selbstverlag 1978.

Franziska Bollerey: Architekturkonzeption der utopischen Sozialisten. München: Moos 1977.

Sebastian Schipper, Lisa Vollmer (Hg.): *Wohnungsforschung. Ein Reader.* Bielefeld: Transcript 2020.

Kapitel »Goldene Böden«

Immobilienpoker. Die dubiosen Geschäfte eines Wohnungskonzerns. Dokumentation von Michael Richter und Christoph Twickel. ARD 2022. (In der Mediathek verfügbar bis 27.6.2023)

Bundesstiftung Baukultur (Hg.): *Baukulturbericht 2020/21: Öffentliche Räume,* https://www.bundesstiftung-baukultur.de/fileadmin/files/medien/8349/downloads/bsbk_bkb2021_16_9.pdf (letzter Zugriff: 25.8. 2022).

Hans-Jochen Vogel: *Mehr Gerechtigkeit! Wir brauchen eine neue Bodenordnung – nur dann wird auch Wohnen wieder bezahlbar.* Freiburg: Herder, 2019.

Andrej Holm, Christoph Laimer (Hg.): *Gemeinschaftliches Wohnen und selbstorganisiertes Bauen.* Wien: TU Wien Academic Press, 2021.

Kapitel »Für alle?«

Carsten Praum: »New Kids on the Block: Der gemeinschaftliche Wohnungsbau am Beispiel von München und Frankfurt«. Unveröffentlichte Dissertation, Stand 2022.

Endnoten

Hausbesichtigung

1 Laut Statistischem Bundesamt, Meldung vom August 2022. Wenn man sich allerdings die durchschnittliche Wohnungsgröße anschaut, liege ich mit meinen 45 Quadratmetern deutlich unter dem Mittel: 92 Quadratmeter ist eine Vierzimmerwohnung in Deutschland groß. Die Frage, wie viel Platz wir eigentlich brauchen, ist zentral bei gemeinschaftlichen Wohnprojekten. Mehr dazu in Kapitel 7 (»Wohnen im Wunder«).

2 »Jeder achte Mieter mit Wohnkosten überlastet«, *tagesschau.de*, 26.8.2022, https://www.tagesschau.de/wirtschaft/verbraucher/wohnkosten-ueberlastung-101.html (letzter Zugriff: 31.8.2022).

3 Andrej Holm u. a.: *Muster sozialer Ungleichheit der Wohnversorgung in deutschen Großstädten* (= Working Paper Forschungsförderung 222). Düsseldorf: Hans-Böckler-Stiftung, 2021, online verfügbar: https://www.boeckler.de/fpdf/HBS-008072/p_fofoe_WP_222_2021.pdf, (letzter Zugriff: 25.8.2022).

4 Oliver Huxhold, Clemens Tesch-Römer: *Einsamkeit steigt in der Corona-Pandemie bei Menschen im mittleren und hohen Erwachsenenalter gleichermaßen deutlich.* Hg. vom Deutschen Zentrum für Altersfragen (= *DZA aktuell – Deutscher Alterssurvey* 4, 2021), online verfügbar: https://www.dza.de/fileadmin/dza/Dokumente/DZA_Aktuell/DZA Aktuell_Einsamkeit_in_der_Corona-Pandemie.pdf (letzter Zugriff: 25.8.2022).

5 Susanne Dürr, Gerd Kuhn: *Wohnoptionen. Gemeinschaftsorientiert. Produktiv. Adaptiv.* Ludwigsburg: Wüstenrot-Stiftung 2022.

6 Siehe Susanne Schmid, Dietmar Eberle, Margrit Hugentubler (Hg.): *Eine Geschichte des gemeinschaftlichen Wohnens. Modelle des Zusammenlebens.* Basel: Birkhäuser 2019, S. 118.

1 Bis zum Schluss

1 Das Dorf ist nicht nur eine Baustelle, es ist auch seine eigene Zeitmaschine, in der Vergangenheit und Zukunft und Gegenwart ständig nebeneinander existieren. Deshalb gibt es in diesem Kapitel ein paar Zeitsprünge – ich hoffe, Sie verlieren nicht den roten Faden!

2 Obwohl einige im Dorf aus (unterstelltermaßen progressiven) Großstädten wie Berlin, Hamburg und Hannover kommen, ist der Begriff »queer« hier nicht so verbreitet wie in urbanen Kontexten. Und wo wir schon dabei sind: Ich verzichte in diesem Buch weitgehend auf das Gendern. Es sind alle mitgemeint, wenn von »Bewohnerinnen« oder »Bewohnern« die Rede ist. Oft benutze ich die weibliche Form statt der männlichen, zum Beispiel wenn dem Dorf eine Bäckerin fehlt – und kein Bäcker. Wenn das zu ein bisschen Verwirrung beim Lesen führt, ist es hoffentlich eine produktive Verwirrung. Wo von mir Interviewte selbst gegendert haben, habe ich das in den direkten Zitaten übernommen.

3 In Kapitel 8 (»Durchhalten«) gibt eine Gemeinschaft darauf eine ganz besondere Antwort.

4 Mehr zu den steigenden Baulandpreisen und was sie für gemeinschaftliches Wohnen bedeuten in Kapitel 5 (»Goldene Böden«).

5 Mehr zum heiklen Thema Eigentum gibt es in Kap. 4 (»Gartenzwerg forever?«).

6 Mehr zum Thema Grundrisse und was sie bedeuten in Kap. 6 (»Wir machen es trotzdem!«).

2 Große Erwartungen

1 Christl Bookhagen u. a.: *Kommune 2. Versuch der Revolutionierung des bürgerlichen Individuums. Kollektives Leben mit politischer Arbeit verbinden!* Berlin: Oberbaumpresse, 1969.

2 Eigentlich bestand die Kommune nur ein knappes Jahr, vom August 1967 bis in den Sommer 1968. Vermutlich rechnet die Gruppe aber die langen Diskussionen, die zur Bildung der Kommune führten, und die lange Nachbereitungsphase dazu, wenn sie von zwei Jahren spricht.

3 Mehr zu den Themen Eigentum und Bodenpreise gibt es in den Kapiteln 4 (»Gartenzwerg forever?«) und 5 (»Goldene Böden«).

4 »Materialien zur Volkskultur nordwestliches Niedersachsen«, zitiert nach: Hartmut Häußermann, Walter Siebel: *Soziologie des Wohnens. Eine Einführung in Wandel und Ausdifferenzierung des Wohnens.* Weinheim, München: Juventus, 1996, S. 22.

5 Pascal Dibie: *Wie man sich bettet. Die Kulturgeschichte des Schlafzimmers.* Stuttgart: Klett-Cotta 1989, S. 69.

6 Siehe Häußermann, Siebel: *Soziologie des Wohnens* (wie Anm. Kap. 2/4). Die Autoren betonen, dass die Geschichte des Wohnens voller Widersprüche ist. Keine Wohnform wurde einfach so von der anderen abgelöst. Wohnformen überlagerten sich, so wie in den Projekten in diesem Buch verschiedene Vorstellungen vom »richtigen Wohnen« nebeneinander existieren – und manchmal für Konflikte sorgen, wie im nächsten Kapitel.

7 Friedrich Engels: »Zur Wohnungsfrage [1872–1873]«. In: *MEW*, Bd. 18, Berlin 1962, S. 209–287, hier: S. 236, zitiert nach: Sebastian Schipper, Lisa Vollmer (Hg.): *Wohnungsforschung. Ein Reader.* Bielefeld: transcript, 2020, S. 202–203.

8 Siehe Schmid, Hugentobler, Eberle: *Eine Geschichte des gemeinschaftlichen Wohnens* (wie Anm. Kap. Hausbesichtigung/6).

9   Bertrand Russell: *Freiheit und Organisation 1814–1914*. Berlin, 1984, S. 187, zitiert nach: Franziska Bollerey: *Architekturkonzeption der utopischen Sozialisten*. München: Moos 1977, S. 19.

10 Schmid, Hugentobler, Eberle: *Eine Geschichte des gemeinschaftlichen Wohnens* (wie Anm. Kap. Hausbesichtung/6).

11 *Oeuvres complètes de Charles Fourier* [1841]. Band 1 (*Théorie des quatre mouvement* [1808]), Nachdruck Paris 1968, S. 132/133, zitiert nach: Bollerey: *Architekturkonzeption der utopischen Sozialisten* (wie Anm. 2/9), S. 114 (Übersetzung der Verfasserin).

12 Seine Wortschöpfung bezog sich auf den Begriff der Phalanx, eine Kampfformation des antiken griechischen Militärs.

13 Jean B. A. Godin: *Solutions sociales*. Brüssel, Paris 1871, S. 402, zitiert nach Bollerey: *Architekturkonzeptionen der utopischen Frühsozialisten* (wie Anm. Kap. 2/9), S. 153.

14 »Nirgends sonst als beim Wohnen der Arbeiter gibt es so viel und fast nur Material aus der Sicht von oben«, so Hartmut Häußermann und Walter Siebel in ihrer »Soziologie des Wohnens« (zitiert nach: Schipper, Vollmer (Hg.): *Wohnungsforschung*, wie Anm. Kap. 2/7), »und nirgends sonst gibt es so wenig Material, wie sie wohnen wollten.« (S. 299)

15 Monika Hartmann, Wolfram Koblin, Roswitha Näbauer: *Selber und gemeinsam planen, bauen, wohnen*. München: Selbstverlag, 1978.

16 Ähnliche Angebote gibt es in Berlin (https://www.stattbau.de/) und München, sie heißen ebenfalls »Stattbau« (https://www.stattbau-muenchen.de/home.html).

17 Mehr zum Thema Mietshäuser-Syndikat und der Frage des Eigentums in Kapitel 4 (»Gartenzwerg forever?«).

18 Die Bundesregierung bewirbt Konzepte »sorgender Gemeinschaften« als neues Paradigma einer nachhaltigen Sozial- und Pflegepolitik, Bürgerkommunen gelten als lokalpolitische Reformmodelle der Zukunft, freiwilliges Engagement, Gabentausch und kollektive Sharing-Economy-Projekte florieren. Siehe Silke van Dyk, Tine Haubner: *Community-Kapitalismus*. Hamburg: Hamburger Edition 2021, S. 8.

3 Wie man ein Haus kauft

1   Mehr zum Mietshäusersyndikat findet sich im nächsten Kapitel (»Gartenzwerg forever?«).

2   Mehr über die Stiftung trias und die Auswirkung der steigenden Baulandpreise für gemeinschaftliches Wohnen im Kapitel 5 (»Goldene Böden«).

3   Die Hausgemeinschaft im Viertel 8 muss sich mit den Grundrissen eines alten Hauses arrangieren – und mit den Ansprüchen derer, die hier wohnen. Das Dorf Hitzacker besteht aus einzelnen Häusern, aber auch hier gibt es Umzüge innerhalb der Gemeinschaft. Die Frage, welche Wohnfläche eigentlich angemessen ist, ist eine enorme Herausforderung für alle, die neu bauen wollen. Einen besonderen Weg geht das Münchner Projekt San Riemo, mehr dazu in den Kapiteln 6 (»Wir machen es trotzdem!« und 7 (»Wohnen im Wunder«).

4 Gartenzwerg forever?

1 Später lese ich auf Wikipedia, dass diese Rekordleistung sorgfältig geplant und Stachanows Arbeitsplatz so vorbereitet gewesen war, dass er die Rekordleistung erbringen konnte.

2 Die »Freistadt Christiania« ist eine alternative Wohnsiedlung in Kopenhagen. Sie wurde 1971 auf einem ehemaligen Militärgelände gegründet.

5 Goldene Böden

1 Mehr dazu im Artikel von Günter Bergmann: »Alles könnte anders sein!«, online verfügbar unter https://kommunalinfo-mannheim.de/2021/05/13/gemeinwohl-statt-profit-oder-alles-koennte-anders-sein/ (letzter Zugriff: 25.8.2022).

2 *Grundstücksmarktbericht 2021.* Hg. vom Gutachterausschusses für Grundstückswerte Lüneburg. Lüneburg: GAG, o.J., online verfügbar: https://immobilienmarkt.niedersachsen.de/download/Lueneburg/Lueneburg_2021.pdf (letzter Zugriff: 25.8.2022).

3 Film *Immobilienpoker. Die dubiosen Geschäfte eines Wohnungskonzerns.* Dokumentation von Christoph Twickel und Michael Richter. ARD 2022.

4 »Adler Group in schweren Turbulenzen«, *tagesschau.de*, 2.5.2022, https://www.tagesschau.de/wirtschaft/unternehmen/adler-group-einbruch-verweigertes-testat-101.html (letzter Zugriff: 25.8.2022).

5 Christoph Twickel: »Die Preisparty soll weitergehen«, *Zeit online*, 3.6.2022, https://www.zeit.de/hamburg/2022-06/altona-holstenquartier-hamburg-adler-group?utm_referrer=https%3A%2F%2Fduckduckgo.com%2F (letzter Zugriff: 25.8.2022).

6 Hans-Jochen Vogel: *Mehr Gerechtigkeit. Wir brauchen eine neue Bodenordnung – nur dann wird auch Wohnen wieder bezahlbar.* Freiburg: Herder, 2019.

7 Pressemitteilung Statistisches Bundesamt, August 2021. Dabei gibt es große Unterschiede zwischen den Bundesländern. In Bayern und Baden-Württemberg war der Preis mit 349 bzw. 245 Euro besonders hoch. In Sachsen-Anhalt, Thüringen und Mecklenburg-Vorpommern lag er zwischen 46 und 63 Euro.

8 Die Preise schwanken allerdings. 2019 kostete der Quadratmeter laut statistischem Bundesamt stolze 1.328 Euro, der bisherige Höhepunkt einer insgesamt ansteigenden Kurve.

9 Mehr dazu in Kapitel 3 (»Wie man ein Haus kauft«), falls Sie das auf dem Weg hierher noch nicht gelesen haben.

10 Cilia Lichtenberg: »Das Erbbaurecht als Beitrag zum gemeinschaftlichen Wohnbau in Deutschland«. In: Andrej Holm, Christoph Laimer (Hg.): *Gemeinschaftliches Wohnen und selbstorganisiertes Bauen.* Wien: TU Wien Academic Press, 2021, S. 99–109, online verfügbar: https://repositum.tuwien.at/bitstream/20.500.12708/18101/5/Holm-2021-Gemeinschaftliches%20Wohnen%20und%20selbstorganisiertes%20Bauen-vor.pdf (letzter Zugriff: 25.8.2022).

11 Webseite »Architects for Future«, https://www.architects4future.de/uber-uns (letzter Zugriff: 25.8.2022).

12 Siehe »Wohnfläche«, 5.11.2021, https://www.umweltbundesamt.de/daten/private-haushalte-konsum/wohnen/wohnflaeche (letzter Zugriff: 25.8.2022).

6 »Wir machen es trotzdem!«

1 Es gibt natürlich Ausnahmen. Zum Beispiel der Versuch, nach dem Cradle-to-Cradle-Prinzip zu bauen. Oder mit Holz. Es wird spannend sein zu sehen, wie sich die Bau- und Immobilienbranche in Zeiten des Baustoffmangels und der steigenden Energiekosten verändern wird.

2 Interessant, oder? Dass ein Haus, entstanden in einer Zeit, als Demokratie, Gleichberechtigung und Partizipation noch so weit weg waren, so offen und vielseitig nutzbar sein kann.

3 In meiner Heimatstadt Hamburg ist das auch nicht anders. Ein Beispiel: »Die Funktionen Wohnen, Schlafen und Kochen dürfen nicht in einem Raum zusammengefasst werden«, heißt es in den Förderrichtlinien für den Neubau von Mietwohnungen.

7 Wohnen im Wunder

1 19,58 Euro pro Quadratmeter im ersten Quartal 2022, laut Statistischem Bundesamt. Frankfurt am Main liegt mit rund 3 Euro weniger auf dem zweiten Platz, gefolgt von Stuttgart.

2 Anja heißt eigentlich anders. Weil Wohnen aber auch in gemeinschaftlichen Projekten eine private, intime Sache ist, habe ich auf ihren Wunsch hin ihren Namen geändert.

3 Das trifft auch auf mich zu. Ohne eine Bürgschaft meiner Eltern hätte ich als freier Journalist mit unregelmäßigem Einkommen meine jetzige Wohnung sicher nicht bekommen. Auch ich gehöre zur »Generation Erben«, die, bei allen Zukunftsängsten, immer noch ein bisschen auf Mama und Papa hoffen kann.

4 Burak Aras: »Wie man ein Grundstück und virtuelles Land im Metaverse kauft – Leitfaden für Einsteiger«, *Forbes*, 3.6.2022, https://www.forbes.com/advisor/de/kryptowaehrungen/metaverse-grundstueck-kaufen/ (letzter Zugriff: 25.8.2022).

8 Durchhalten

1 Casey Cep: »Dorothy Day's Radical Faith«, *newyorker.com*, 6.4.2020, https://www.newyorker.com/magazine/2020/04/13/dorothy-days-radical-faith (letzter Zugriff: 25.8.2022).

10 Für alle?

1 Warum findet eigentlich irgendwann alles in der Küche statt? Die Partys, die schwierigen Gespräche, die Arbeit an einem Buch? Man müsste mal ein Buch darüber
schreiben.

2 »Durchmischungskriterien Erstvermietung Zollhaus«, https://www.kalkbreite.net/
wp-content/uploads/2018/09/Durchmischung_Erstvermietung-Zollhaus_Stand_180
515.pdf (letzter Zugriff: 25.8.2022).

3 Siehe »Wohnfläche«, 5.11.2021, https://www.umweltbundesamt.de/daten/private-
haushalte-konsum/wohnen/wohnflaeche (letzter Zugriff: 25.8.2022).

4 Till Bücker: Kommt jetzt die Rezession?, *tagesschau.de*, 6.9.2022, https://www.tages
schau.de/wirtschaft/konjunktur/rezession-konjunktur-energiepreise-gasstopp-101.
html (letzter Zugriff: 6.9.2022).

5 Siehe Schmid, Eberle, Hugentubler (Hg.): *Eine Geschichte des gemeinschaftlichen Wohnens* (wie Anm. Kap. Hausbesichtung/6), S. 118.

6 Sebastian Krass: »Wohnungsbau zu teuer. Genossenschaft gibt Grundstück zurück«,
sueddeutsche.de, 22.8.2022, https://www.sueddeutsche.de/muenchen/muenchen-woh
nungsbau-genossenschaften-probleme-kosten-mieten-1.5643080?reduced=true
(letzter Zugriff: 25.8.2022).

7 »Kleingenossenschaften vor dem Aus«. Pressemitteilung der Hamburger Baugenossenschaften BG Mesterkamp, Baumhaus Altona und Wohnen hoch drei.

8 Gut, er ist der einzige Hausbesetzer, aber er ist eben auch Brad Pitt.

Abbildungen

S. 16: Das Dorf Hitzacker ist ein Mehrgenerationen-Projekt. Ihre Häuser hat die Gemeinschaft zum Teil selbst gebaut. S. 19: Dorfträume: Käthe Stäcker (links) und ihre
Frau Rita Lassen sind als Rentnerinnen zum ersten Mal in eine Gemeinschaft gezogen.
S. 29: Das Dorf ist eine Baustelle. Sabrina hat zwei Jahre lang gearbeitet – bis zur Erschöpfung. S. 56: Annette Schrimpf in ihrer Werkstatt. Viele Menschen haben ihr Geld
anvertraut, damit sie und die Hausgemeinschaft das Haus in der Mannheimer Neckarstadt kaufen können. S. 73: Günter Bergmann vor dem Projekt umBAU². S. 92: Außen-
ansicht des San Riemo. S. 95: Die Architektinnen Anne Femmer und Florian Summa
in ihrem Leipziger Büro. Die beiden wohnen im ersten Stock. Und bauen immer weiter.
Das eigene Haus als offenes Experiment – diese Idee haben sie auch beim San Riemo in
München umgesetzt. S. 108: Die große Eingangshalle des San Riemo. S. 115: Manche
Wohnungen im San Riemo öffnen sich zu gemeinschaftlich genutzen Räumen. So entsteht mehr Fläche. S. 119: Mitglieder von Brot und Rosen beim Abendessen. S. 140:
Plenum im Dorf Hitzacker. S. 157: Dorf Hitzacker.

Danke an ...

... alle, die mir geduldig und enthusiastisch ihre Projekte gezeigt und erklärt haben.

... alle Expertinnen, die mit mir ein Wissen über Wohnen und Architektur geteilt haben, das man sich unmöglich in wenigen Monaten aneignen kann.

... Sabine Manke und alle vom Büchner Verlag, für ihre kluge Unterstützung und ihre Energie.

... meine Freunde, die kritisch gelesen haben: Niels Grevsen, Achim Berheide und Holger Henningsen.

... die Menschen, die mitgedacht und mir in schwierigen Zeiten Mut gemacht haben, in der Zeit des Schreibens und in all den Jahren davor: Anne Ruprecht, Gerhard Wille, Uli Schwarz, Simone Held, Christiane und Holger Henningsen, Frauke Hinrichsen, Holger Sülberg, Thorsten Mack, meine Schwester Lisa.

... und Danke an die, die mir ein Dach und ein Zuhause gegeben haben, und die immer noch ein Zuhause sind: meine Eltern.

Mit Illustrationen von Lennart Herberhold

142 Seiten • Klappenbroschur
14,5 x 20,5 cm • 18 € (D/A)
ISBN 978-3-96317-233-5
Auch als E-Book erhältlich

Uwe Lübbermann

WIRTSCHAFT HACKEN

Von einem ganz normalen Unternehmer,
der fast alles anders macht

Was wäre, wenn man alles ganz anders machen könnte? Seit beinahe zwei Jahrzehnten ist dies für den Unternehmer Uwe Lübbermann keine theoretische Frage mehr, sondern ein anhaltendes soziales und ökonomisches Experiment. Erstmals hat er es umgesetzt zusammen mit seinem »Getränke-und-mehr«-Kollektiv Premium: Rabatte für diejenigen, die nur geringe Mengen abnehmen; gleiches Gehalt für alle; im Internet frei verfügbare Rezepte für die hergestellten Getränke; keine schriftlichen Verträge und die Klärung sämtlicher Unternehmensbelange in einer konsensdemokratischen Struktur.

Ausgehend von dem Willen, der unsozialen Dynamik des kapitalistischen Systems eigene Werte entgegenzusetzen, hat Premium über viele Jahre nicht nur ein krisensicheres, sozial orientiertes Unternehmen aufgebaut. Es ist vielmehr selbst zum anhaltenden Motor von Veränderung geworden – eine Software, die die Menschen, Unternehmen und Systeme, mit denen sie arbeitet, verändert, indem sie grundlegende Mechanismen außer Kraft setzt und durch andere ersetzt. Denn das Engagement für soziale und ökologische Fragen beeinflusst nicht nur Geschäftsentscheidungen, Abläufe und Kommunikationsweisen – es überträgt sich auf alle, die mit Lübbermann zusammenarbeiten und verwandelt sie. Wirtschaft hacken beschreibt diese Veränderungsmaschine erstmals ausführlich. Von innen und von außen.